# *Zero stress*

## 20 días en la vida de un experto en felicidad

# *Zero stress*

20 días en la vida de un experto en felicidad

o está permitida la reproducción de total o parcial de este libro, ni su tratamiento informático, ni la transmisión de ninguna forma o por cualquier medio, ya sea electrónico, mecánico, por fotocopia, por registro u otros medios, sin el permiso previo y por escrito de los titulares del copyright. Reservados todos los derechos, incluido el derecho de venta, alquiler, préstamo o cualquier otra forma de cesión del uso del ejemplar.

Editorial y patrocinadores respetan íntegramente los textos de los autores, sin que ello suponga compartir lo expresado en ellos.

© 2014   Pedro Amador López

Registro de la propiedad inscrito bajo

ISBN-13: 978-1502730589

ISBN-10: 1502730588

Impreso gracias a Amazon.com

Primera edición: octubre 2014

A mi hijo Nico,

porque pidió venir

para que este libro fuera realidad

# Índice

| | | |
|---|---|---|
| 1 | Un día normal (20 abril) | 9 |
| 2 | Un desayuno normal (21 abril) | 13 |
| 3 | Una felicitación normal (22 abril) | 17 |
| 4 | Un paseo normal (23 abril) | 21 |
| 5 | Un miedo normal (24 abril) | 25 |
| 6 | Una noche normal (25 abril) | 29 |
| 6.1 | Un retraso normal (25 abril) | 33 |
| 7 | Un virus normal (26 abril) | 39 |
| 8 | Una felicidad normal (27 abril) | 41 |
| 9 | Una zona de confort normal (28 abril) | 45 |
| 10 | Una reencarnación normal (29 abril) | 49 |
| 11 | Un diálogo normal (30 abril) | 53 |
| 12 | Un trabajo normal (1 mayo) | 57 |
| 13 | Una jornada normal (2 mayo) | 61 |
| 14 | Un pago normal (3 mayo) | 65 |
| 15 | Un país normal (4 mayo) | 69 |
| 16 | Un cuerpo normal (5 mayo) | 73 |
| 17 | Una relación normal (6 mayo) | 77 |
| 18 | Una situación normal (7 mayo) | 81 |
| 18.1 | Un proyecto normal (7 mayo) | 85 |
| 19 | Una forma normal de empezar (8 mayo) | 89 |
| 19.1 | Una motivación normal (8 mayo) | 95 |
| 20 | Un final normal (9 mayo) | 101 |
| Agradecimientos | | 103 |

# 1  Un día normal (20 abril)

–Mil cosas que hacer... ¡no sé ni por dónde empezar!, ¡no entiendo por qué me caen a mí todos los problemas! – ¿pero por qué te has vuelto tan educado?, ¿por qué han dicho que hables en positivo?– ¡Vaya gilipollez! ¡Estoy hasta los huevos de tanto trabajo! ¡Es que no para de caerme toda la mierda a mí! ¡Vaya putada! ¡Y encima cada vez me pagan menos y ya no me rinde el sueldo!

–¿Pero dónde está la desgraciada de mi mujer? ¿Dónde se ha metido esta loca endemoniada? ¡Vaya familia! ¡Niño, estate tranquilo que estás todo el día tocando todo! ¡Para ya de una vez! Que sabes que papá te quiere mucho, pero ¡no!, ¡no!, ¡no! ¡Mi teléfono móvil no, jodíooo!, ¡lo has roooto! ¿Pero por qué estás todo el día jodiendo las cosas? ¡Para ya! ¡Anaaa! ¡Dile a tu hermano que pare de tocarlo todo que me ha vuelto a destrozar el móvil!

–¿Dónde estás, Anaaa? ¿Otra vez con el maldito chat hablando con el imbécil ese que solo quiere verte desnuda? ¡Pero no te he dicho mil veces que dejes el chat de una puta vez! ¡Pero cuántas veces te lo tengo que repetir! ¡Atiende a tu hermano, coño!, ¡es que aquí nadie me hace caso! ¡Mi padre me hubiera partido la cara! ¡Vaya familia esta!

–¿Papá, qué te pasa?, ¿quieres dejar de gritar como un loco? ¡Vete a trabajar, pero no andes con tus líos en casa! ¡No ves que mamá no te aguanta ya y a Nico lo estás volviendo loco con tanta mentira! ¡Y deja de hablar de lo que yo debo o puedo hacer cuando tú no eres ningún ejemplo!–, increpó la pequeña Ana con tan solo siete años.

*Repite conmigo: Zero Stress*

Estos breves párrafos pueden parecer una exageración para muchas personas, pero no llegan ni al habitual nivel de toxicidad y violencia que está aceptando el ser humano como normal. Solo hace falta poner la TV en un horario de máxima audiencia. Es normal ponerse a pegar gritos cuando algo te desagrada. Es normal insultar de cualquier forma sin meditar el impacto de las palabras. Es normal no pedir perdón por entender que es la forma de comportamiento en la que nos han educado. Será normal, pero no correcto.

Este libro que tienes en la mano puede ser tu mayor generador de stress, aunque por el título parezca lo contrario. Te obligará a poner en duda muchas formas de pensar que aceptas con normalidad en tu vida, pero que habitualmente son tóxicas. Para ello te acompañaré con mis experiencias, contadas en primera persona o escuchadas a terceros, pero siempre reales, en este mundo en el que nos hemos acostumbrado a vivir en la normalidad. En la normalidad de aceptar muchas normas impuestas siglos atrás.

Bien, ¿por dónde empezamos?, te estarás preguntando, porque tienes muchas ganas de empezar a rebajar el stress. Bueno, ¿realmente sabes qué es el stress? ¿Sabes cómo se genera? ¿Sabes cuáles son las mejores técnicas para remediarlo? ¿Cómo qué no? ¿Pero eso no te lo han enseñado en el colegio? ¡Ahhh, que ahora se explica en el gimnasio con un profesor de yoga especializado o con cursos de *mindfulness*, coaching, respiración zen y no sé cuántas gaitas más! ¡Pero resulta que sigues con stress! ¡Ahhh, claro!, te entiendo, te deja la mente en blanco… te relajas… todo es paz… todo es tranquilidad… ¡Ahhh, qué buen momento! Luego sales de la clase y sigues en la guerra. ¿Pero cómo llevo mi paz al mundo actual? ¿La culpa es mía o de los demás? Espera, que voy a tomarme esta nueva pastilla recomendada por mi mejor amigo… y ahora sí que puedo ver la televisión sin pensar todos los problemas que tengo.

### *Repite conmigo: Zero Stress*

–Me está empezando a parecer una tontería leer esto. Una sobrada estupidez, porque no leo nada que tenga el menor valor práctico y ya no tengo edad para leer ficción–. Me gustaría que estuvieras cabreado, sería un excelente síntoma de la impaciencia en la que nos movemos. Parece que si no somos capaces de solucionar algo en minutos, ¡es que no funciona! Los libros de "Aprende a cocinar sushi en 21 días", ¡ya se me hacen largos! ¡Lo necesito todo para ya!

Me parece perfecto, pero ya has perdido unos minutos de tu tiempo leyendo estas páginas. Te repito, has perdido tiempo, sí. ¿Entonces? No, no; todavía no sabes lo que es perder el tiempo de verdad, porque no te has dado el permiso. Cuando estés a punto de morir te darás cuenta de todo el tiempo perdido, así que no te preocupes, por unos minutos no te va a pasar nada. O, mejor dicho, por las horas que vas a tardar en leer este libro... porque vas a tardar un poco más.

¿Cuántas veces te ha sonado el teléfono mientras leías? ¿Verdad que no lo habías apagado? ¿Llamadas? ¿Mensajes? ¿E-mails? ¿Chats? ¿Pero no estabas leyendo esto? No, no, claro, ya sé que eres multitarea y que sabes estar en el baño sentado, leyendo, atendiendo a tres clientes, hablando con dos familiares y mirando las últimas noticias que dan en la televisión. Pero, realmente, ¿qué has podido procesar en este rato? ¿Has generado alguna reflexión útil que te sirva para toda la vida? Lo dudo...

–¡Pero avanza ya, carajo! ¡Qué me estoy aburriendo!– ¿Aburriendo o durmiendo? ¿Qué define mejor tu estado actual? Si comprobaras mi cara de felicidad al saber que tu mente se mueve inquieta y no eres capaz de contralarla, te darías cuenta del sentido que tiene cuando te hago perder el tiempo de esta forma tan descarada.

### *Repite conmigo: Zero Stress*

¡Vas a conseguirlo! ¡Tú puedes! ¡Vas a comenzar el método que aplican las personas que tienen mayor éxito en la lista de multimillonarios que incluye la llamada Forbes 500! ¡Tu vida va a cambiar por completo y tienes que estar preparado para salir de tu zona de confort! Así lo ha mencionado el millón de lectores satisfechos que han conseguido alcanzar todas sus metas (ahora que lo pienso, han cambiado el nombre a Forbes 1 millón+500).

No tienes que realizar ninguna dieta cansina. Ni realizar ninguna inversión inicial. Tampoco requieres formación específica para conocer los secretos que los grandes maestros te tienen reservados y llegan a tu alcance a través de estas palabras. Tienes que tener fe y encontrarás por fin todas tus preguntas resueltas.

El libro de *El Secreto* marcó el comienzo de un mundo lleno de luz que te guiaba para conseguir tus sueños. Después, *El Poder de la Atracción* te permitía avanzar allí donde se habían parado tus compromisos. Incluso *Las Leyes del Universo* ya están trabajando para que este libro llegue a tus manos y sea el comienzo de una nueva vida. La vida que te mereces.

### *Repite conmigo: Zero Stress*

Sí, todo esto es normal. ¿Normal para quién?

## 2   Un desayuno normal (21 abril)

Hoy terminaba unas cortas vacaciones y comenzaba una jornada laboral bien variada. Me acerqué a desayunar a un excelente local donde ponen unos increíbles zumos naturales, llamados *smoothies*. Poca gente se dará cuenta, pero llegado al mostrador comienza el cuerpo a generar una secuencia de stress inconsciente ante la situación y se pregunta: ¿qué pido hoy?

En principio existen unos carteles con sugerencias, pero cuando uno investiga un poco se da cuenta de que tiene para elegir entre seis sabores –original, mango, mandarina, arándano, durazno blanco y frambuesa– que, además, rotan de los 14 sabores que tienen dentro del local. Es decir, podría poner en mi *yogur personalizado* más de 100 mezclas de sabores.

Las posibilidades aumentan, ya que tengo seis opciones de frutas peladas para acompañar encima –fresa, kiwi, naranja…– y otros 12 complementos para añadir: cereales, coco, chocolate, ositos de regaliz… Es decir, para conocer con seguridad el sabor que más me agrada, y con este número de posibilidades, tendría que venir miles de veces a este sitio para probar mi configuración ideal. ¿Nunca te ha pasado algo parecido en tu local favorito?

### *Repite conmigo: Zero Stress*

El marketing existe desde hace pocos años. Nuestros abuelos compraban cosas sin existir discusión sobre los productos, pues eran los fabricantes los que configuraban todo. Pero cuando un mercado se va saturando, existe la necesidad de reinventarlo con nuevos servicios o configuraciones. Para ello, se debe explicar, convencer y mantener al consumidor al tanto de nuestros productos, y qué mejor que el marketing, tan familiar a día de hoy.

Con la evolución del sistema productivo y toda su cadena de suministro, hoy es posible configurar un producto de manera única, y sin que precisamente ponga "hecho a mano". Podemos encargar nuestras zapatillas deportivas con cientos de características a medida y etiquetadas con nuestro nombre; solicitar un coche con una rocambolesca pintura y configurado con todos nuestros accesorios deseados o, incluso, mandar a imprimir un único libro que nos apetezca, aunque estuviera descatalogado.

No hay que saber mucho de tecnología para saber que Twitter, Facebook o Google son de las empresas que más información recopilan sobre nuestros gustos en el mundo occidental y, por mencionar algunas de otros países, encontramos webs como Baidu en China o VK en Rusia. Su objetivo es reducir nuestro stress y saber elegir por nosotros la mejor opción que se adapte a nuestras necesidades de compra. Es decir, primero nos intentan conocer bien para después vendernos mejor. Obvio. No es malo en sí, aunque como muchas personas se estarán imaginando, tiene sus riesgos.

Volvamos al local donde desayuné. Habría sido fabuloso que al entrar una máquina me hubiera dicho: –"¡Buenos días, Pedro! Es maravilloso verle de nuevo. ¿Cómo empezó el lunes? Comprobé en su Facebook que hace unos días tuvo un poco de diarrea y, por eso, le recomiendo que tome un rico *smoothie* con una buena dosis de frambuesas y cereales"–. Sería una máquina, porque tal y como comprobé con la empleada actual del local, que afortunadamente es humana, me dijo –si has estado mal del estómago no te recomendaría tomarlo, porque es yogur y te puede sentar pesado–. Aún se me hace utópico pensar que la máquina desistiría de venderme algo porque contemple mi salud. ¿Llegarán a entender de ética las máquinas y ayudarnos a seleccionar nuestros productos correctamente?

### *Repite conmigo: Zero Stress*

–¿Cuál es la idea que me intentas comunicar? ¿Qué cuando no existen opciones no se preocupa uno? ¡Pues vaya aburrimiento entonces! ¡Me encanta elegir entre miles de sabores!– Bueno, eso te quieren *programar* en la cabeza, y así lo defenderás hasta la muerte. Pero, curiosamente, no creo que te haga especialmente feliz la capacidad de selección entre miles de opciones. Lo que personalmente me hace feliz es disfrutar una buena opción que conozco y que sé que me gusta. En muchos casos, probando algo nuevo no me agrada en absoluto y se me queda una cara de imbécil abismal. Afortunadamente, son numerosos los locales que te dejan probar un poco de aquí, un poco de allá... pero no por ello se simplifica mucho el proceso.

–Entonces, ¿qué sería lo ideal?– Bueno, la especialización es estupenda, maravillosa, pero en muchos casos no aporta valor para muchas personas. Sería mejor poner las mezclas de sabores ideales para cada tipo de persona; "para los amantes del limón, este nuevo..."; "para los que disfrutan del melón, esta jarabe..."; "para los que cuidan su dieta, este yogur sin grasas...", y luego permitir las configuraciones para los que más saben del producto. Salió la palabra... "saber del producto" o tener sabiduría... y es que la sabiduría da sentido a la elección, pero cuidado, porque no todo el mundo tiene el mismo nivel de conocimiento.

Te comparto otro ejemplo que te hará reflexionar. ¿Has visto cómo han evolucionado los teléfonos móviles en los últimos 20 años? ¿Crees que alguien sabe usar el 100% de las opciones del teléfono que te has comprado? ¿Alguien se lee el manual para conocer los atajos rápidos, las funciones ocultas, y sacar todo el rendimiento? Casi nadie. Porque lo normal es empezar a llamar, mandar algún mensaje o intentar conectarse a Internet e ir descubriendo las cosas poco a poco. ¿Pero no sería más fácil comprar un teléfono más sencillo y que nos permitiera ampliar nuevas funciones cuando quisiéramos?

Vivimos en un mundo con diversidad de opciones, de las que no tenemos capacidad mental para elegir siempre la más acertada, ni mucho menos de controlarlas todas, pero en donde curiosamente nos sentimos mal si no las tenemos. Un segundo, ¿de verdad que no tienes el último teléfono que tiene ya tu vecino? ¿De verdad que no estás sacando fotos a la híper ultra resolución como la cámara de tu mejor amigo? ¿De verdad que todavía no has instalado la aplicación que te permite ver los vídeos que sirven por satélite desde la otra punta del planeta?

*Repite conmigo: Zero Stress*

## 3   Una felicitación normal (22 abril)

Me encontraba en un bucle sin fin y quería empezar a transmitir las ideas de forma clara, pues de otro modo iba a sentir que me estaba estresando. En pocos días había encontrado demasiada gente sin stress, aunque mi planteamiento partía de la base de que todo el mundo tenemos un cierto tipo de stress. La Real Academia Española define esta palabra como *"tensión provocada por situaciones agobiantes que originan reacciones psicosomáticas o trastornos psicológicos a veces graves"*, pero cabe destacar que la palabra agobiantes tiene muchas lecturas y que, además, el stress no siempre produce trastornos graves.

Muchos me van a llamar exagerado, pero realmente todos sufrimos de stress. Se trata de un simple mecanismo de defensa que realizamos los humanos para sobrevivir. Realmente el miedo físico, que algún presumido dice no tener, es lo que nos salva de lanzarnos por los barrancos.

Ahora bien, si en función de esta definición todo el mundo experimenta stress, ¿por qué mucha gente me dice que no tiene stress? ¿Por qué mucha gente asocia el stress a una grave ansiedad? ¿Por qué mucha gente piensa que solo se genera stress al trabajar mucho? Y lo más triste, ¿por qué el stress está vinculado a acabar consumiendo pastillas o apuntarse a un curso de meditación? Así que comencé a buscar los argumentos necesarios para explicar con sencillez las características del stress, y algo más importante aún, cómo gestionarlo.

### *Me tuve que repetir: Zero Stress*

Desde que acabé la universidad he viajado a infinidad de países. Me considero un poco nómada y he vivido en más de ocho ciudades de tres países. Por ello, en los últimos años las redes sociales y Google Maps han sido piezas fundamentales para mí. Da igual la distancia física que me separe de mis familiares y amigos; si puedo saber de ellos y verles por teleconferencia de vez en cuando, me siento acompañado en este viaje de la vida.

En pocos años y gracias a Internet la comunicación ha cambiado a pasos agigantados. Con mi primera novia viví una separación de casi un año cuando estudió en un pequeño pueblo de California (Estados Unidos). Mandar una carta desde España suponía unas 3-4 semanas de viaje y, para obtener respuesta, debía esperar otras tantas semanas. Recuerdo que cuando mi novia partió, por temas de stress no le había llegado la menstruación... y realmente le llegó con tres meses de retraso, pero ¡tuvieron que pasar casi cuatro meses para que me pudiera quedar tranquilo cuando recibí por fin la carta! ¡Qué stress! Algo que hoy se resuelve en segundos con un mensajito de WhatsApp.

Ayer tenía que felicitar por su cumpleaños a uno de mis mejores amigos de la infancia. Le había podido abrazar en persona desde los 4 ó 5 años y esta vez le tendría que saludar por Internet, por vivir a muchos kilómetros de distancia. Me conecté a Facebook y me fui a buscarle con tranquilidad... ¡arrrghhh!, ¡olvidé que nunca tuvo una cuenta de Facebook! Bueno, sin problemas, le busqué por WhatsApp para mandarle un video o un fuerte abrazo... ¡arrrghhh!, ¡tampoco tiene WhatsApp! ¿Le tendré que mandar una carta desde la otra punta del planeta?

Con un simple e-mail pude incluso verle el mismo día por videoconferencia Skype. Al final obtuvo su felicitación habitual, aunque me quedé sin darle un fuerte abrazo.

### *Me tuve que repetir: Zero Stress*

¿Existe gente que pueda vivir sin conectarse y compartir toda su vida en las redes sociales? Incluso, ¿cómo hay personas que se niegan a conectarse a un ordenador? También conozco personas que viven sin un teléfono móvil, ¿cómo? –Pues de maravilla, como siempre–, me han respondido. Es verdad que se están negando a lo inevitable, pues hoy en día los niños pequeños ya vienen con unos dedos preparados para teclear a la velocidad del rayo en una pantalla de pocos milímetros. Sin ir más lejos, mi hijo movía las fotos de una tableta que le compré cuando apenas tenía trece meses, si bien es cierto que se la compré más para que se me cayera a mí la baba que para que él tuviera un uso práctico.

—¿Entonces hay que vivir conectado o no? ¿Qué tengo que hacer?, porque todo el mundo me pide que me actualice en más redes sociales que amigos tengo. ¡Me voy a volver loco!—Vayamos aportando la filosofía zero stress y realízate una simple pregunta, ¿a ti te aporta valor estar en las redes sociales? Te digan lo que te digan, la respuesta no siempre es sí. Si no te aporta el menor valor, no tengas el menor reparo en borrarte, no serás el primero que lo hace.

Mi amigo del ejemplo, doctor en física cuántica, no usa las redes sociales como el Facebook. Utiliza Internet y se conecta por videoconferencia con medio mundo para compartir los últimos avances. ¡Pero le importa un carajo estar mirando el muro de la gente en Facebook! Así que, con mucha congruencia, no tiene lo que no necesita. ¿Sencillo, verdad? ¡No es ningún tonto y sabe lo que le aporta valor en su vida! ¿Y quién me creo para convencerle de que lo necesita? ¿Debería enseñarle todas las ventajas de estar conectado para satisfacer mi necesidad de felicitarle a través de Facebook?

*Me tuve que repetir: Zero Stress*

## 4   Un paseo normal (23 abril)

El miércoles es mi día favorito, pues es cuando más tiempo tengo para pasear con mi hijo. Afortunadamente, me permito administrar mis tiempos laborales y, en general, eso me facilita decidir cuánto y cuándo trabajar. Reconozco que si tuviera que ir a una oficina de 9 de la mañana a 5 de la tarde me estresaría enormemente, porque ese tipo de frecuencia no está hecha para mí. Pero también es cierto que hay muchas personas que disfrutan con una jornada definida y fuera del horario laboral se sienten con plena libertad para hacer todo lo que gusten.

Si navegas un poco por Internet podrás encontrar estudios que te digan que la flexibilidad de horarios consigue un mejor rendimiento de los empleados. Pero más curioso aún es que, si navegas un poco más, encontrarás estudios que dicen lo contrario. Al final todo está argumentado con la estadística y, como siempre, en función de la muestra que tomes te saldrá un resultado u otro. Si tienes un poco de cultura me dirás que parezco un imbécil por afirmar esto, pues eso indicaría que la muestra está mal seleccionada. Francamente, debo serlo, porque si compruebas en Internet verás que se encuentran ambos resultados.

¿Es que ya no hay seriedad a la hora de publicar un estudio? ¿Es que todo el mundo puede decir lo que quiera? ¿No será que Internet está eliminando muchos controles de calidad que, al final, solo consiguen rebajar el rigor científico? Entonces, ¿de qué me puedo fiar?

*Repite conmigo: Zero Stress*

La estadística fue la asignatura que más me costó en la universidad, simplemente porque no fui a las clases y después me tocó estudiarla por mi cuenta. Fue un calvario y al final la pasé a la cuarta, en última convocatoria, cuando tenía que aprobar sí o sí para continuar en la carrera universitaria..

Pero a día de hoy me alegro mucho de eso, porque en la última convocatoria estudié como un loco y me tomé la materia muy en serio. Comprendí todos los entresijos de la estadística y otros aspectos fundamentales como la población, la muestra, la media, la desviación, etc. Tras eso, y siempre lo digo en cualquier conferencia, dejé de preocuparme por el rigor de los estudios, porque al margen de que estén mejor o peor hechos son solo informativos, no exactos. Cuando digo exactos me refiero a que dos más dos son cuatro aquí y en Marte, pero un estudio estadístico es solo exacto para esa muestra en el contexto en el que fue estudiada… vamos ¡que ya pasó y quizás ni se repite el mismo resultado!

Me encanta aportar sencillos ejemplos para que se capte la idea rápidamente. Imaginemos que quiero estudiar cuántos amantes tienen los vecinos en mi urbanización, y permíteme que intencionadamente reduzca mucho la muestra. Supongamos que viven diez parejas de vecinos casados y felices, que insisto, por suponer que no quede. Preguntemos a cada uno de esos vecinos si tienen amantes y pensemos que nueve responden que ninguno, pero una pareja responde que tiene a 100 amantes diversos (50 por cabeza) para todo tipo de ocasiones y que los rotan según el día del año.

Seguro que te has reído por la tontería de ejemplo, pero ahora verás que si compruebas la media de amantes, aparece que en ese supuesto vecindario hay 10 amantes de media por pareja, cuando es otra realidad la que salta a la vista: casi nadie tiene amantes y hay una pareja de vecinos más que activa. La media de 10 amantes es la noticia que suele publicar la prensa para vender un poquito más, aunque dejen a un lado otras características, como la desviación estándar.

Este ejemplo parece bastante irreal, lo sé. Pero seguro que lo has captado sin problemas. Bueno, ahora mira la riqueza en el mundo. ¿Sabes que *la mitad de la riqueza mundial está en manos de un 1% de la población*? No te costará mucho contrastarlo con fuentes de Oxfam Intermón o el Foro Económico Mundial. Con esto en mente, ¿sabes que dicen los políticos cuando quieren indicar que el país va bien? Bueno, la estadística les funciona, pero la realidad es que los ricos son cada vez más ricos y los pobres cada vez más pobres.

*Repite conmigo: Zero Stress*

Entre el caos de la estadística y la mala distribución de la riqueza me comencé a estresar… –¡vaya ejemplos que das!– estarás murmurando. Al comienzo me importaba muy poco, ¡porque no entendía nada de nada! A cierta edad, cuando acabé mi maestría y empecé a comprender los problemas geopolíticos del mundo, me empecé a preocupar demasiado.

¡Quería cambiar el mundo! ¡Quería llamar estúpidos a todos los medios de comunicación que manipulaban la información! ¡Quería que muchos dirigentes acabaran en la cárcel por engañar sin sentido! Por ejemplo, recuerdo que me creí que había armas de destrucción masiva en Iraq porque el entonces presidente de Estados Unidos, Bush hijo, así lo afirmaba. No me imaginaba que la persona con más poder del mundo estuviera mintiendo tan descaradamente.

Hace poco comprendí que ni es ni era la persona más influyente del mundo, sino una simple marioneta del sistema manipulada por los ventrílocuos con dinero. Ahora tu decisión está en no creerte la estadística a las primeras de cambio y dejar de ser un muñeco más del sistema. ¿Te apetece empezar a poner en duda todas las cosas que te venden como ciencia pero que solo son estudios estadísticos? ¿Te atreves a pensar un poco antes de repetir cualquier afirmación de supuestos expertos? ¿Has llegado a pensar todo lo que mienten los políticos?

*Repite conmigo: Zero Stress*

Y todo sea dicho, se acaba de despertar mi bebé, me mira con pasión y con cara sonriente. No habla todavía, pero creo que me dice, –papá, papá, ¿cuál crees que será el mejor sitio para comer?–, y con una sonrisa aún más grande le digo… –no sé, pero estadísticamente hablando, hay uno que nunca ha fallado–. ¡Gracias, estadística!

## 5   Un miedo normal (24 abril)

Hace años redactaba miles de palabras una detrás de otra, pero sin un buen estilo. Gracias a un excelente mentor, conseguí afianzar la idea de escribir construyendo frases con la estructura "sujeto + verbo + predicado" y dejar las complicaciones para los culebrones televisivos. Pero escribir no es tarea fácil, hay que releer todo varias veces hasta obtener el mensaje adecuado y corregir día a día frases de capítulos anteriores.

Sin embargo, ayer compartí con una amiga lo que llevaba escrito para que me ofreciera una primera impresión. El título le gustó y luego murmuró –¿cuándo tienes pensado terminarlo?–, ¡vaya stress! ¿Cómo voy a saber cuándo voy a acabar si precisamente es un libro en el que transmito la filosofía de zero stress? Mi respuesta fue sencilla: –estará cuando tenga que estar, ¡zero stress!–, y su carcajada fue sincera.

Las personas viven anticipando el resultado incluso antes de iniciar ninguna acción. Personalmente, reconozco que era el mayor especialista en prever escenarios feos y complicados y, con ello, generar un conjunto de problemas que ni siquiera existían o que eran poco probables. ¿Cuántas veces has dejado de disfrutar lo que estabas haciendo solo por pensar que podía acabar mal? ¿Cuántas veces te has quedado sin empezar algo solo por pensar que seguro que no te llevaba a ninguna parte? ¿Cuántas veces convences a tus amigos o familiares de cosas que en el fondo no puedes asegurar porque no eres tú quién las vive?

### *Repite conmigo: Zero Stress*

Es sencillo, las acciones tienen un comienzo, un fin y generan un resultado. Para ello existen diversos recursos, entre ellos el tiempo, y se establecen metas o hitos intermedios para alcanzar el objetivo poco a poco. Este es el planteamiento básico en cualquier gestión de proyectos, una disciplina que también toma en consideración un conjunto de contingencias que pueden ocurrir y que harían que el resultado no fuera el esperado. A esas posibles contingencias se les asocian acciones preventivas para que no se desvíen los resultados. Y si por un casual ocurre algo no planificado, así es la vida, se realiza un plan de contención y se evalúan nuevas opciones correctivas.

Por deformación profesional he realizado cientos de proyectos y me he habituado a gestionar mi vida de forma similar. Ahora bien, en una herramienta de proyectos no hay emociones y, por tanto, la gestión se vuelve racional. Pero, ¿en la vida? ¿Por qué tendemos a pensar que tiene que pasar lo peor? ¿Será un exceso de pesimismo? ¿O es que realmente van a pasar todas las cosas malas que hayamos planificado e incluso muchas peores que ni pensamos? Hay miedo.

Relájate y piensa por un momento, ¿cuántas veces has pensado que no ibas a conseguir algo y al final lo has conseguido? ¿Cuántas veces no veías salida posible y al final algo apareció como por arte de magia? ¿Realmente te ha salido todo mal? Si fuera así, creo que ni andarías, porque te seguirías cayendo.

### *Repite conmigo: Zero Stress*

El miedo nos acompaña de por vida y nos cuida como método de supervivencia. Me gusta pensar en el miedo como la incertidumbre que generamos cuando no sabemos el resultado de una acción. Existen miedos físicos, que nos evitan saltar de un precipicio, y otros emocionales, que nos bloquean. Por ejemplo, a veces no comenzamos una relación de pareja porque anticipamos que nos van a engañar, ¿y quién dice que con nosotros va a ser así? –Sí, sí, que yo te conozcooo… y no eres de fiar, ¡a mí no me engañas!–, bueno, si ya lo anticipas, no te preocupes que hasta el pensamiento sobra. ¡A otra cosa, mariposa!

Es normal tener miedo emocional. Por mi experiencia, encuentro que los optimistas lo sufren en menor medida, mientras que los pesimistas lo cargan sobre sus espaldas como una cruz gigante. Por ejemplo, imagina que te ofrezco un trabajo en el horario que mejor se adapte a tus necesidades, con las actividades que mejor quieras realizar, ganando todo el dinero que merezcas, con las vacaciones que precises, que va a tener la formación que necesites y que, como no podía ser de otra forma, está garantizado de por vida por los mejores Estados del mundo y, además, viene avalado por los tres bancos más importantes del mundo. ¿Te asusta perderlo? ¿Por qué? ¿Porque piensas que no existe o porque piensas que lo vas a acabar perdiendo? Puro miedo emocional, que se debería solventar con un contrato con cláusulas bien claras. Pero ni por esas, parece que la gente prefiere pensar día a día que podría perder el trabajo.

–¿Entonces hay que vivir estresado todo el día con que se vaya a perder el trabajo?– No merece la pena, por más estable que parezca tu trabajo, porque con la quiebra económica de algunos países parece que hasta los funcionarios están intranquilos. En nuestra filosofía zero stress lo mejor es centrarnos en  hacer bien el trabajo y aprender siempre cómo mejorar nuestras capacidades laborales. Sin pensar lo que hacen los demás, sin amargarnos porque otros no se lo merezcan, sin intentar justificar cada día todo lo que hacemos, sin intentar pensar que el jefe está organizando una conspiración contra nosotros. Cuando trabajes tienes que vibrar con tus valores y realizar tareas concretas que estén alineadas con la estrategia de la empresa. De este modo, comprobarás cómo el nivel de stress se reduce prácticamente a zero. Si después de un tiempo no lo consigues, te aconsejo que cambies de trabajo tan pronto como puedas. Tampoco tiene que ser de la noche a la mañana y recuerda que no serás el primero que lo hace.

*Repite conmigo: Zero Stress*

## 6  Una noche normal (25 abril)

Ahora mismo son las dos de la mañana y he preferido no acabar el día sin escribir ciertas ideas. ¡Ya es de noche! –¿Y a mí qué me importa?, ¿qué me aporta eso a la hora de rebajar mi stress?– te estarás preguntando. ¡Usted perdone! ¡Qué humor! ¿Es que por la noche no se puede escribir? –¡Claro que sí!, ¿cuál es el problema?– No, ninguno, sigo pensando con filosofía zero stress.

Para mí es una noche normal porque a estas horas es cuando más rindo. Como ya mencioné, dispongo de una flexibilidad horaria que me obliga a mayor disponibilidad, pero que me permite trabajar cuando mejor funcionan mis neuronas. Sea por la mañana, sea por tarde, sea por la noche, pero solo cuando tengo ideas y soluciones a los problemas que quiero resolver. Sí, cuando mejor funcionan mis neuronas es cuando las pongo a trabajar.

–Bueno, trabaja cuando quieras, pero vamos por el sexto capítulo y todavía no tengo ni idea de a dónde vamos a llegar con tantos rodeos–, ¿es que no has leído el índice?, mmm… curioso… ¡no dice nada importante!, ¡porque es parte del juego! Parece que estás en una situación un poco estresante o simplemente no tenías nada mejor que hacer, porque de otra forma no continuarías leyendo. Parece que buscas la pócima para estar más tranquilo y poder gestionar todos tus problemas. Parece, por todo lo que ponía en la portada, ¡que ibas a aprender un montón de cosas! O quizás no… ¡te engañé!, ¡qué bueno que soy!

### *Repite conmigo: Zero Stress*

En una ciudad, en el campo, en tu vida, ¿nunca te has perdido? ¿Pensabas que estaba mal el mapa o aceptabas que te habías equivocado al cambiar de rumbo? ¿Realmente nunca te has perdido? ¿O es que te pierdes en cada sitio? He conocido personas que se pierden en su propia casa y siempre se justifican diciendo que tienen un mal sentido de la orientación. A mí me sorprende, porque siempre intento orientarme de la mejor manera posible. Incluso cuando perdí la orientación por un grave accidente, hice por recuperarla. El caso es que al final somos lo que hacemos, según lo que decimos y gracias a lo que pensamos y sentimos. Le daré la vuelta para que entiendas mi planteamiento y ser congruente: tras muchos años he aprendido a pensar en lo que siento, a decir lo que pienso y a hacer lo que digo. Algo que parece una tontería, pero la realidad es que cuesta mucho llevarlo a la práctica en los tiempos que corren, donde resulta normal aparentar todo el día.

¿Verdad que has oído en ocasiones?... –sí, sí, voy a hacer eso sin falta–, –claro, mañana mismo te respondo–, –vaya tontería, ¡yo nunca hago algo así!–, –parece un crío, ¡todo el día se propone cosas que nunca empieza–. Lo escucho muchas veces y solo algunas personas muy maduras y honestas demuestran un sentido amplio de coherencia, mientras que otras repiten continuamente sus sueños pero sin el valor que les impulse a dar el primer paso.

Cuando estos niveles no fluyen correctamente la persona es incongruente, algo que he aprendido a detectar con facilidad y que, simplemente, la limita a la hora de alcanzar todas las metas que se propone. Técnicamente se denomina disonancia cognitiva y, sin duda, en más de una ocasión nos afecta a todos. Otra cosa es que lo queramos aceptar.

### *Repite conmigo: Zero Stress*

–Vamos, que al final ya es de noche, se acaba otro capítulo y sigo sin saber dónde acaba esto–. Interesante reflexión, pero cambiemos el sentido. ¿Alguna vez te has preguntado cuándo empezaste? Afinemos un poco más. ¿Alguna vez te has preguntado qué empezaste? Quizás tengas una respuesta. Pero si apretamos un poco la tuerca, llegaremos a la pregunta más compleja: ¿alguna vez te has preguntado por qué empezaste?

—Bueno, uno empieza el día porque se despierta y suena el despertador. Por eso me gustan tanto los fines de semana, ¡porque nunca me suena el despertador y me quedo en la cama todo el tiempo que quiero!— ¿De verdad te quedarías abrazado a la almohada todo el tiempo si tuvieras recursos infinitos?

Me parece que acabo de dar con la raíz del problema del stress… ¿Qué mueve tu vida? ¿Qué te está haciendo despertar cada mañana? ¿Seguro que lo has pensado con calma? ¿Lo tienes bien claro? En mi caso te comparto que seré muy experto en felicidad y todo lo que gustes, ¡pero más de una vez he tenido que pararme a pensar por qué me estaba despertando ese día!, ¡qué me estaba impulsando a moverme incluso al baño!, ¡qué quería conseguir en mi vida!

¿Todavía no has pensado si tu vida tiene sentido? Quizás es bueno que dediques unos minutos a pensarlo, al menos para que esta noche pueda ser normal.

*Repite conmigo: Zero Stress*

## 6.1 Un retraso normal (25 abril)

–Oye, ¿otra vez en el 25 de abril? ¿Pero no escribías a capítulo por día? ¡Menudo stress me estás generando! ¡Ahora no me cuadra el subtítulo de "20 días en la vida de un experto en felicidad"!–, quizás, pero ¿quién dijo que había que escribir uno por día? ¿Lo entendiste así porque leías siempre a capítulo por día? Bueno, ¡no lo dije! Ayer escribí de noche, ya bien de madrugada, y hoy de día por la tarde… ¡es el mismo día! ¡Sencillo! –¡Ahhh, ya lo entiendo! Entonces algún día vas a escribir más de un capítulo, ¿verdad?– O no, nunca se sabe, zero stress.

Nuestro cerebro se acostumbra a buscar pautas que expliquen el mundo de forma continua y sin sobresaltos, lo hacemos desde la infancia como medida de protección. Por si alguien no se había dado cuenta, creo que no aporto mucho al mencionar que el mundo está cambiando a velocidades vertiginosas, con lo cual cuanto mejor nos acostumbremos a improvisar, mejor gestionaremos nuestro día a día.

En el trabajo, en las amistades, en nuestro hogar… todo cambia muy rápido. Por ejemplo, el trabajo del mañana pasará a ser multifuncional y dejaremos atrás el habitual empleo que siglos atrás, solo obligaba a poner de forma repetitiva una tuerca en el mismo sitio. Y seguro que en el futuro las relaciones sexuales casuales de "aquí te pillo, aquí te mato" *(touch&go)* serán una realidad habitual con tanta aplicación informática que indica cuándo hay una persona afín a pocos metros.

Justo compruebo que quedan pocos minutos para llegar a mi próxima cita del día. Realmente ya la había cancelado, porque la persona a la cual esperaba estaba llegando muy tarde pero, como es habitual, ¡ha llamado en el último minuto con el "excusómetro" en la boca! –¡Esta ciudad es un caos! ¡Tienes que venir como te comprometiste o aquí se va a liar una buena! ¡Ven urgente!– vamos, que llega media hora tarde, culpa a todo el mundo y exige a los demás lo que no se aplica a sí misma.

### Me tuve que repetir: Zero Stress

¡Qué stress me ha causado! Acabo de llegar y me quiero vengar de tal retraso. ¡Ha sido intolerable! ¡Qué vergüenza! ¡Ni ha pedido perdón! Voy a vengarme en toda regla.

Sí, la página se quedó en blanco, pero no fue culpa de la imprenta. ¡Me estaba vengando! ¿Qué no la tomara contigo? ¡Pero si eres el que ha aparecido en mi vida ahora! ¿Por qué no lo voy a hacer? ¡Te ha tocado, por listo! ¡Por haberte cruzado en mi vida!

–No, pero el lector no tiene la culpa–, diría mi madre, –no ha hecho nada. No tiene ninguna relación con la persona que llegó tarde antes y te cambió todo el día. ¿Por qué la tomaste con el lector?– No sé, quizás quería llamarle la atención y recordarle si no había hecho algo así en numerosas ocasiones.

### *Me tuve que repetir: Zero Stress*

Cuando en tu vida ocurre algo de forma imprevista, en contra de lo que habías advertido que iba a ocurrir, es bueno que no te hagas mala sangre. Si es necesario, recuerda la hoja en blanco que acabas de sufrir para darte cuenta de la cantidad de energía mental que puedes gastar y del escaso beneficio que obtienes con el enfado. Hagas lo que hagas, digas lo que digas, y por más malas vibraciones que envíes con el pensamiento, recuerda que el pasado no se puede cambiar. Créeme, si supiera retroceder en el tiempo lo compartiría contigo sin falta, pues lo he intentado muchísimas veces.

La llamada *línea del tiempo* se utiliza mucho en programación neurolingüística (PNL) para mirar el pasado desde el presente. Es un ejercicio tipo *qué hubiera pasado si...* que permite obtener las razones de tu comportamiento actual. Pero para vivir el presente es bueno aprender a perdonar el pasado, tanto el tuyo como el de las personas que te acompañan, o nunca cicatrizarán ciertas heridas. Pero sin olvidarlo.

Tampoco te puedes adelantar al futuro para ver si realmente alguna vez cambia algo de lo que llevas afirmando toda la vida. Tienes que aprender a recibir al futuro como se presente, sin angustias ni temores, o tampoco aprenderás a aceptar la realidad.

No te compliques. Estás aquí y ahora, por más maravillosa que haya sido tu vida en el pasado o por sexy y divertido que se prevea cierto futuro. Tu vida es un regalo que debes valorar cada instante. Tu tiempo es valioso y eres el único encargado de hacérselo valer a las personas que te rodean.

¿Cuándo vas a empezar a valorar tu tiempo? ¿Cuándo te vas a poner manos a la obra y dejar de malgastar el tiempo en cosas sin valor? ¿O es que vas a aceptar el retraso como algo normal en tu vida?

***Repite conmigo: Zero Stress***

## 7  Un virus normal (26 abril)

Me levanté pegado a la cama con un maldito virus en la garganta que me acompaña desde hace días. Mi cuerpo tiene algunas secuelas de un grave accidente que sufrí hace años y, entre ellas, me parece que la fiebre, tan necesaria para eliminar ciertos virus, no me sube del todo bien. De ahí que al virus solo le consigo expulsar cuando me abrigo con la manta hasta las orejas o cuando salgo de fiesta y huye a otra persona más aburrida. Así me lo creo y así lo disfruto.

Aunque claro, –¿qué haces escribiendo si estás enfermito? ¡Por muy normal que te parezca tienes que descansar! Tómate un poco de miel, zumos y sopita de pollo–, me suelen decir incluso por Facebook. ¿La verdad? Creo que la mayoría de las enfermedades las generamos nosotros mismos (son psicosomáticas) y nos las causa el cuerpo para llamarnos la atención por los tremendos abusos a los que le sometemos. O por quedarnos enganchados a una emoción sin saber resolverla.

–¿Que son psicosomáticas? ¡Qué poca idea tienes de medicina! ¡Es una de las ciencias que más ha permitido avanzar a la humanidad!– Je, je, je, ya salió la racionalidad a poner orden. Ahora a ver cómo respondes con la razón a la pregunta ¿por qué las pastillas antidepresivas son las más vendidas en el mundo? ¿Por qué están aumentando las tasas de suicidio? (ojo, datos de la Organización Mundial de la Salud, OMS) ¿Por qué con tanta tecnología se sigue hablando sobre enfermedades y no sobre pacientes a los que aplicar un trato personalizado?

Los médicos son maravillosos y me han salvado la vida en más de una ocasión, pero eso no quita para que desee que escuchen mejor a los pacientes y no apliquen el primer diagnóstico de manual. A mi parecer, la tipología de enfermedad detectada se tiene que cruzar con el historial del paciente para poder dar un diagnóstico personalizado. Por falta de recursos, en la mayoría de los casos ni se evalúa hacer algo así, sino que se prefiere el clásico procedimiento: –¿qué le pasa?, ¿dónde le duele?– y casi sin tocar, –¡tiene esto, y necesita tomar esto!, ¡siguienteee!–.

Por ejemplo, a mí me empeoran los zumos cuando estoy malo de la garganta ¡y ni los tomo! ¿Acaso no me conozco mejor que cualquier manual de medicina? –No sé yo, ¡todo el mundo se cree doctor!– Tienes razón, mejor me voy a descansar un poco.

*Me tuve que repetir: Zero Stress*

## 8   Una felicidad normal (27 abril)

Vaya curiosidad compruebo ahora en la prensa, donde presentan los mejores secretos para ser feliz avalados por no sé qué universidad. Están incluidos en primera página del suplemento del fin de semana, muestra de cómo la ciencia está avanzando en estos temas tan importantes. Ojeo la lista de indicaciones y, como suele ser frecuente, ¡la mitad de la cosas ni me interesan! ¿A quién pretenden hacer feliz? ¿Al que hace el estudio? ¿Al que estudian? ¿O a la población mundial? Creo que al periodista, a los familiares del que publica el estudio y a todo individuo que se crea las cosas firmadas por una universidad importante. Mejor no menciono el estudio, pero siempre viene firmado por una "Universidad de la Felicidad", una "Escuela de la Felicidad", o un "Instituto de la Felicidad".

Cualquier especialista puede pensar que desprendo mala onda por no tener ni idea de cómo avanza la ciencia. A mí me provoca zero stress, porque por más que he intentado analizar lo que dicen algunos expertos como Sonja Lyubomirsky (profesora de la Universidad de California), Eduardo Punset (excelente divulgador español) o Matthieu Ricard (monje budista al que presentan como el hombre más feliz del mundo), entre otros, nadie me aporta lo que realmente me hace feliz.

A mí me hace feliz lo que cada día me hace feliz. Y punto. —Ya estás desvariando con una tontería de las tuyas, ¿pero exactamente qué te hace feliz?— Buena pregunta, y si la pregunta debe ser, ¿qué me hace feliz a mí?, la réplica que me viene al instante es ¿para qué me sirve un estudio de otros? ¿Para qué quiero saber lo que hace felices a las personas que han sido entrevistas para tal universidad de tal país? ¿Realmente necesitas que te digan lo que hace felices a otros?

*Repite conmigo: Zero Stress*

La felicidad es un estado de ánimo absolutamente subjetivo que todos buscamos de forma genérica, pero que significa cosas distintas para cada persona. Ya lo mencionaba siglos atrás Aristóteles, pero claro, de esto se olvidan ahora. ¿Por qué algunos expertos divulgan estudios sobre la felicidad y los catalogan como si fueran una ciencia exacta? De esta forma, consiguen vender libros abordando una debilidad universal. Pero las cuestiones emocionales de los humanos son subjetivas, aquí y en Marte. Me refiero a los humanos que vayan a Marte, claro, porque no tengo ni idea de lo que ocurre con los marcianos.

Por ejemplo, imagínate que mañana realizo una súper encuesta a miles y miles y miles de personas y les pregunto por su lugar favorito para ir de vacaciones, dónde disfrutan más. En mi línea habitual de exageración, para simplificar el estudio supongamos que solo pregunto si su destino predilecto es playa o montaña. Normalmente, las personas prefieren cambiar de ambiente durante sus vacaciones. Siguiendo este razonamiento, es de sentido común que si realizo esta pregunta en una población que vive en una zona montañosa lo más probable es que me respondan que prefieren ir a la playa, y al revés si residen en una isla.

¿Tendría sentido que presentara en mi estudio que la felicidad viene vinculada a ir a la playa o la montaña? Me volverá a tirar de los pelos más de un buen científico, pero créeme que no miento si te digo que muchos publican cosas parecidas y es obvio que me saldrá un sesgo u otro según la muestra que tome. Al final la realidad es la misma: da igual lo que diga el estudio, porque la pregunta es ¿a ti que te gusta?, ¿playa o montaña? Incluso, y aquí es donde podemos elegir, ¿realmente te gusta ir de vacaciones?, ¿prefieres la ciudad?, ¿o te gusta ir a un sitio dónde tengas de todo en un radio de escasos kilómetros? Las opciones son variadas y elegir es una característica del ser humano que no debemos perder en ningún momento.

Si no podemos escoger vamos a estar estresados, sobre todo si en el pasado sí teníamos esa opción. Si podemos elegir pero alguien nos limita las opciones también vamos a estar estresados y culparemos a otros de nuestros males. Y peor aún, si podemos escoger nuestra opción favorita y seleccionamos otra porque pensamos que alguien se puede sentir molesto... entonces sí que habremos delegado nuestra libertad en otros. ¡Ya no somos dueños de nuestra vida!

### *Repite conmigo: Zero Stress*

Al final no hay secreto de la felicidad que valga, ni receta mágica, ni formulita espectacular. Al final solo hay pequeños métodos o consejos que se pueden aplicar y que cada persona debe usar de forma individual. Llevo años detectando los gustos de cada persona y, sin entrar a valorar si son buenos o malos, intento acompañarlas en un camino en donde realmente buscan qué les hace felices y, además, las apoyo para que lo consigan. Me ha ayudado a desarrollar la primera aplicación informática del mundo, miGPSVital, que pone a la tecnología a nuestro servicio para ayudarnos en esta actividad. Siempre sin olvidar que nuestra gestión de la felicidad debe apoyarse en el contexto y el momento en el que nos encontramos, porque de otra forma pierde mucho sentido.

Ayer tuve oportunidad de irme a cenar con la única compañía de mi hijo, quien apenas tiene un año y medio. Me llevó de la mano al restaurante, se sentó a mi lado con una gran sonrisa, comió toda la carne que pudo y algunas patatas y, además, no paró de cautivar a todo el que le miraba. Al salir, me felicitaron por su comportamiento –¡qué bien se porta tu hijo!, aprovecha mucho este tiempo, que crecen rápidamente–. Realmente no creo que me haya salido mejor o peor, creo que le educo día a día para que sea feliz, se sienta libre y no llore sin motivo.

Era una noche de sábado con buena temperatura, ideal para haber tenido una cita con alguna mujer. En otros tiempos, hubiera acabado bebiendo vino y compartiendo algún momento íntimo que me ahorro describir. Ayer, simplemente me bebí una copa de vino en compañía de mi hijo, quien tomó mucha agua con cara de pícaro y no paró de jugar con los cubiertos. Acabamos la noche con un paseo hasta casa. Ambos estábamos conectados con enorme paz y alegría.

¿Que la felicidad te la aporta tener buenas relaciones? ¿Que te la aporta tener hijos? ¿Que te la aporta beber un buen vino? ¿Que te la aporta que tu hijo se porte bien? ¿Que te hace feliz que te atiendan bien en el local?

¿Que lo que más te gustó fue la música que sonó? ¿Que disfrutaste del cómodo asiento en el que te situaron? ¿Que nada te gustó, pero te sientes bien porque alguien piensa en ti en la distancia? ¿Que te sientes feliz por el logro que conseguiste días atrás? ¿Que te gustó la mirada que intercambiaste con esa persona cercana que tanto deseas? ¿Que te la aporta que te hagan pensar por una vez qué te hace feliz a ti en vez de decirte lo que tienes que hacer? ¿Que te aporta felicidad estar leyendo este libro? ¿Demasiadas preguntas en este momento?

*Repite conmigo: Zero Stress*

## 9  Una zona de confort normal (28 abril)

¿Qué no sabes lo que es la zona de confort? ¿Qué todavía no te ha llegado un mensaje en las redes sociales diciéndote que tienes que salir de tu zona de confort? ¿Qué ningún profesional ha intentado arreglarte la vida diciéndote que estás estancado en tu zona de confort? ¿Pero en qué mundo vives?

Muchas personas me repiten todo el día que salga de mi zona de confort, así que voy a dejar algo bien claro: ¡estoy genial en mi zona de confort!, ¡me siento muy cómodo, a gusto y feliz!, porque como su nombre indica es dónde más confort encuentro –¡Para!, que ya vienes con alguna de tus bromas... ¡sal de tu zona de confort!, ¡no seas vago!–, y entonces me quedo mirando y pienso... pero, ¿por qué te crees cualquier cosa que te digan sin meditarlo?

La zona de confort, tal y como define Wikipedia en el ámbito de la psicología, nos dice que "es un estado de comportamiento en el cual la persona opera en una condición de ansiedad neutral, utilizando una serie de comportamientos para conseguir un nivel constante de rendimiento sin sentido del riesgo (White 2009)". Repetimos, un estado en el que no se tiene riesgo, con rendimiento constante ¡y sin ansiedad!

La misma Wikipedia, en el ámbito del coaching, nos menciona que "se conoce como zona de confort al conjunto de límites que, sutilmente, la persona acaba por confundir con el marco de su íntima existencia" y que "define muy gráficamente el acomodo de aquellas personas que han renunciado a tomar iniciativas que les permitan gobernar sus vidas". ¿A quién vas a creer? ¿Al psicólogo o a esta nueva tendencia del coaching?

*Repite conmigo: Zero Stress*

Con esta premisa de definición es comprensible que la disciplina del coaching marque como un fracaso permanecer en la zona de confort y lo asimile a una falta de liderazgo en la vida. Con todos mis respetos, ¡vaya tontería! Personalmente, ¡estoy muy bien en mi zona de confort y lidero mi vida casi siempre a las mil maravillas!

Estuve un par de días dándole vueltas a por qué me gustaba estar en mi zona de confort y concluí que no tenía nada de malo. Desde la perspectiva del coaching se trabaja mucho en la persona, pero poca gente conoce las reglas e importancia del coaching sistémico, circunstancia que lleva a errores básicos.

La zona de confort es un estado de las personas. Personas que no vivimos en el aire volando, sino que vivimos en un sistema o contexto. Al pensar en la zona de confort siempre es bueno pensar en el contexto en el que nos encontramos, porque de otra forma solo estamos viendo la mitad de la película.

Aunque hagas lo mismo todos los días, ¿a ti te gusta lo que haces? ¿Te importa realmente lo que digan los demás de ti? ¿Te gusta superarte a ti mismo o simplemente estás por estar?

### *Repite conmigo: Zero Stress*

Si vamos a la raíz de la palabra confort, ¿qué hay de malo en el hecho de estar confortable todo el día? Es parte de la filosofía que transmite este libro, ¡zero stress! Ahora bien, y aquí es donde entra la crítica que realiza la disciplina del coaching, si estás todo el día haciendo lo mismo y eso no te da ni para vivir ni te produce satisfacción, ¡obvio que hay que salir de esa zona de confort! Pero claro, desde mi punto de vista eso no lo denomino estar en la zona de confort, ¡lo denomino hacer el vago y tirar la vida por la ventana! Simple y llanamente.

El profesional que no tiene en cuenta el contexto te intenta sacar de la zona de confort como si fuera algo malo. Pero realmente el problema no viene de estar en la zona de confort, el problema se genera cuando tu zona de confort no se adapta al contexto. Con un ejemplo seguro que me entenderás mejor.

Imagina un país involucrado en un montón de cambios, con profundas crisis y en donde la palabra "estable" no se sostiene de ninguna forma. Si en ese país vive una persona intrépida, que se reinventa día a día y que no entiende lo que es la rutina, entonces estará disfrutando de su zona de confort que se basa en el cambio permanente.

Ahora situemos al anterior intrépido en un contexto, o país, donde no ocurre nada. Sé que resulta difícil ubicar algo así en el mapamundi, pero en cualquier caso, recuerda que solo es un ejemplo. ¿Cómo crees que se sentiría esa persona habituada a los cambios en un país en donde no pasa nada? Pues le resultaría un infierno ¡y habrá que sacarla de su habitual zona de confort!; es decir, pedirla que se relaje un poco o situarla en otro contexto.

–¿Entonces hay que evitar estar en la zona de confort? ¿Qué tengo que hacer?, porque todo el mundo me dice que salga de ahí–. Ampliemos la filosofía zero stress: estar en nuestra zona de confort es dejar de complicarnos la vida. Te digan lo que te digan, lo mejor es hacer aquello que te gusta, que te haga sentirte  cómodo y que, además, suceda en el contexto adecuado. Si no sientes que estás en el contexto adecuado ya sabes que debes intentar cambiar de país, de ciudad, de mercado laboral, de amigos, etc. sin reparo alguno. Y ya sabes que no serás el primero que lo hace.

–Pues no comparto esta teoría de zero stress en la zona de confort. Para mí una cosa es zero stress porque el stress te paraliza, te angustia, te pone de malas, te enferma, te victimiza… y otra cosa bien distinta es zero stress porque te abandones, te vuelvas conformista, mediocre, etc.

Lo entiendo, ¿pero quién eres tú para juzgar al otro? Por ejemplo, a mi hijo lo intento educar para que consiga todos sus sueños, alcance sus metas, vibre con sus valores y, sobre todo, para que sea feliz. Pero quizás el día de mañana le toque la lotería, tenga cómo vivir sin problemas y me diga –¡papá, yo quiero vivir todo el día tumbado en la playa, porque es donde mejor me siento, en mi zona de confort!–

Buenooo… ¿quién me creo para decirle que se ponga a trabajar como un loco y que acabe como ejecutivo agresivo en algún lugar del mundo? Nadie, porque el respeto es fundamental en esta sociedad y, siempre y cuando no moleste a nadie, tenga para vivir y sea feliz, ¡que haga lo que le plazca! Cada cuál ande en armonía con su espíritu.

–¿A santo de qué mencionas lo del espíritu ahora?, ¿ya no sabías qué más decir para justificar al vago de tu hijo?– Buenooo, ahora te cuento algo más del espíritu.

## 10 Una reencarnación normal (29 abril)

¿Ya te has confesado? ¿Ya estás libre de pecados? Mira que no solo te espían desde otros países, sino que también te están vigilando desde arriba con una súper webcam teledirigida. Recuerda que el infierno tiene las puertas abiertas de par en par ¡y allí se vive muy mal! ¿De verdad no crees en esas pamplinas? ¡Vaya pecador! ¡Para ya por un momento y pon tu vida en el buen camino como hacen las personas decentes!

Realmente me parece que el buen comportamiento es un valor importante al vivir en sociedad, pero no intento imponérselo a nadie. Me crié en los valores católicos, aunque nunca acabé de vibrar con muchas de sus ideas. Recuerdo cuando le pregunté muy educadamente al cura que nos formó para la comunión, –¿pero a quién tengo que querer más?, ¿a mis padres o a Jesucristo?–, con una sonrisa de oreja a oreja, explicando –no lo tengo del todo claro, porque me dice que quiera a cada uno más que a nadie y, personalmente, me gusta ordenar un poco mi mente–. Curioso, me expulsó de la clase sin argumento alguno, no sé si porque no sabía responder o porque simplemente estaba molesto ese día con otra cosa.

Reconozco que hoy vibro más con la filosofía budista que pude estudiar y alguna vez practicar en mi infancia, pero hasta donde he podido llegar, entiendo que todas las religiones tienen partes maravillosas. No comparto el sentir de algunas que tiran mucho del recurso del bien y del mal, pues me parece un paradigma de siglos pasados y poco acorde con la realidad actual. Asumo que en el pasado muchas religiones se crearon porque la gente no estaba comunicada por Internet como hoy en día, ¡pero ahora ya hay Twitter y mil cosas para compartir "en la nube"! Parece que todas las religiones tienen un denominador común, ¿por qué no hay ninguna que las integre a todas?, ¿una que se pueda consultar en

Wikipedia?, ¿y que tenga sus videos formativos en YouTube?, ¿una que me permita compartir en Facebook todos mis avances?

## *Me tuve que repetir: Zero Stress*

En la universidad tuve que estudiar un montón de materias como cálculo, álgebra o física. Siempre me maravillaba cuando en algunas demostraciones aplicaban el Principio de la Navaja de Ockham, según el cual, «en igualdad de condiciones, la explicación más sencilla suele ser la correcta».

El profesor llegaba a clase y empezaba a llenar poco a poco la pizarra de fórmulas complejísimas. Ahora hay proyectores y magníficas presentaciones informáticas, pero en mis tiempos se gastaba una tiza blanca que te dejaba la mano con un curioso olor para todo el día. Todos copiábamos a la velocidad del rayo y sudábamos cuando borraban la pizarra y no habíamos podido copiar alguna cosa, ¡qué fácil sería hoy con una cámara digital!

En algunos casos, el profesor llegaba a una situación que parecía tener dos posibles soluciones, caminos o vías factibles. Allí es cuando se paralizaba mi cerebro porque ¡siempre quería obtener la mejor de la opciones!, ¡la más eficiente!, ¡la mejor de la mejor! Pero el profesor pronunciaba aquello de –seguimos el Principio de la Navaja de Ockham y tomamos la solución más sencilla, así que despejamos aquí y aquí y este es el resultado… vualááá–. Mi cara se quedaba blanca al llevar tanto tiempo siguiendo cálculos tan complejos y al final llegar a una solución con un principio tan sencillo. Aquello me dejó huella.

## *Me tuve que repetir: Zero Stress*

Estuve muchos años buscándole sentido a la vida, desde mil puntos de vista y poniéndome en el lugar de muchas religiones. Después de reducir un poco los escenarios llegué a la conclusión de que existían dos posibles opciones al llegar a la muerte. Momento que dicen que nos llega a todos y que espero que, cuando me toque, al menos me dejen compartirlo en Twitter.

La primera opción es más oscura, más tétrica, más triste. Consiste en que parará de latir el corazón, los pulmones dejarán de respirar y el cerebro se quedará sin pensamientos. Entonces bajarán el telón, oscurecerá y finalizará todo. Nadie actualizará mi blog con la pasión con que lo hago a día de hoy y darán de baja mi perfil de Facebook, después de que muchos familiares y amigos hayan dejado su último mensaje de pésame.

La segunda opción consiste en creer en la reencarnación y considerar que una parte de nosotros; llámese alma, espíritu, o sustancia volátil no documentada por las mejores universidades del mundo, se desligará de nuestro cuerpo físico y se planteará reencarnarse en otra forma física de este u otro mundo. Esta opción tiene mucha más luz, más dinamismo. Ya me imagino que podré ver mi propio entierro, en el cual espero que las personas hagan una gran fiesta y brinden por lo feliz que viví. En mi entierro no quiero llantos, porque todo el mundo sabrá que en esta vida he disfrutado todo lo que venía a aprender.

Como ingeniero no puedo negar ni demostrar ninguna de las dos opciones. Entonces, ¿qué aplico en mi vida estructurada? Sencillo, pues inventé tiempo atrás el Principio de la Navaja de Amador, que formulé como «en igualdad de condiciones, la explicación más bonita suele ser la correcta». Después comprobé como en el final de la maravillosa película *Life of Pi* (*La Vida de Pi*) aplicaban un planteamiento similar.

—Me estás complicando la existencia, ¿pero es que ahora me estás diciendo que me tengo que creer el cuento de la reencarnación?, ¡vaya tontería más grande!— No, no, nada más lejos de la realidad. Aplica la filosofía zero stress y toma la opción que más te satisfaga, no pienso gastar ni un segundo en convencerte de por qué me decanto por la segunda opción.

### *Me tuve que repetir: Zero Stress*

Elegir es una de las libertades que poseemos como seres humanos. Cuando para mí la reencarnación pasó a ser un estado normal de esta vida y de las sucesivas, ¿sabes qué sucedió? Que entendí que quizás en esta vida solo vengo a aprender cosas indeseables, que dentro del conjunto de otras vidas y, en perspectiva, tomarán un completo sentido. Quizás por mucho que proyecte en positivo, como me indican en el libro *El Secreto*, no consiga ningún resultado. Quizás tenga que vivir las mayores desgracias del planeta para así aprender a valorar las buenas. ¿O es que un niño siempre quita la mano del fuego cuando le dices que se va a quemar? Se aprende viviendo, tanto de lo bueno como de lo malo. ¿Estás preparado?

Si es así, B-I-E-N-V-E-N-I-D-O a la vida.

## 11 Un diálogo normal (30 abril)

Cada vez se me complica más tener conversaciones normales porque, cuando comentas lo que hacen otras personas y pones los hechos encima de la mesa, se empiezan a sentir ofendidas. Hay una distinción importante entre el ser y el hacer, y me temo que con nuestro lenguaje simplificamos mucho y mezclamos ambos conceptos.

Habitualmente, resumimos con frases como –¡estás siendo celoso!– evitando expresarnos de manera más detallada con frases del estilo –en este momento concreto, y con la relación que tienes con tu pareja, estás demostrando un comportamiento que es algo posesivo y, desde luego, se enmarca dentro de una actitud celosa que probablemente no te defina como la persona que eres–. ¿Pero quién habla así? Mira que también lo he intentado, pero a la gente le ofende aún más.

¿Tanto cuesta aceptar la realidad? ¿Tanto cuesta entender lo que nos dicen? ¿Hoy quedaron sucios los oídos y no escuchamos bien? ¿Por qué nos empeñamos tanto en defender nuestra posición caiga quién caiga?

La pregunta del "¿por qué?" es la más paralizante, ya que lleva a algunas personas a bucear en su más absoluto desconocimiento, comprobando cómo defienden muchas posturas con un fanatismo inconsciente.

Por ejemplo muchos niños se crían desde la infancia como fanáticos de un club de fútbol, baloncesto, rubgy, hockey sobre hierba, ¡el deporte que sea! Pero al llegar a una edad adulta y con la capacidad de decidir si quieren cambiar a un equipo más acorde con sus valores… ¡casi nadie lo hace! Entonces, cuando les preguntas ¿por qué eres seguidor de tu equipo y no de otro que está teniendo mejores resultados? Mira que intencionadamente no indico ningún equipo en concreto, pues solo quiero que te imagines la situación. ¿Te das cuenta de la intensidad emocional que se ha sembrado en tantas personas?

—Bueno, te entiendo, por eso no realizo ni consumo ningún tipo de deporte que me vuelva hincha sin más–, vale, el ejemplo no te cuadra. ¿No habrá algún tipo de comida, bebida, marca o similar que defiendes hasta la saciedad delante de tus amigos y familiares?

### *Repite conmigo: Zero Stress*

Me encontré esta frase con un mensaje importante: —Jesús dijo «den al emperador lo que es del emperador y den a Dios lo que es de Dios»—. ¿Por qué la mayoría de las personas se propone tener cosas que no necesitan?, ¿tan feo es eso de decir "no lo quiero"?, ¿o es que ando un poco perdido y todo el mundo realmente necesita todo lo que pide?

Hay una pregunta poderosa que siempre me impactó cuando comencé mi formación en crecimiento personal. No la leas con prisas, ni mucho menos pretendas responderla con lo primero que te venga a la cabeza. Piensa un poco y pregúntate, —¿a qué no estoy dispuesto a renunciar en mi vida?— Pon un marcador en el libro, ciérralo, y pregúntate de nuevo mirando al infinito, —de verdad, ¿a que no puedo renunciar en mi vida bajo ningún concepto?–.

La Pirámide de Maslow (que si no la conoces ya tardas en buscarla en Internet) te muestra que tus necesidades, en los niveles más básicos, incluye cosas como respirar, comer, descansar, e ¡incluso el sexo! Luego subes los peldaños y las necesidades. Pero en la vida moderna en la que nos encontramos, se observan que surgen otras necesidades que muchas veces se anteponen a otras más básicas. Por ejemplo, ¿eres capaz de aguantar sin tu teléfono móvil una semana?, ¿y sin conectarte a Internet?, ¿y sin tu coche?, ¿y sin tus tarjetas de crédito?, ¿y sin…?

En este aspecto, tomo como referente a quien ha sido presidente de un país, Pepe Mujica, que en su vida solo se rodea de lo que le resulta realmente importante. Una persona que renunció a vivir en el Palacio Presidencial para permanecer en su casa de campo fuera de todo lujo. Supongo que haber pasado casi 15 años en la cárcel le enseñó a vivir sin tantas necesidades. Él menciona muchas veces que desear cosas no te hace especialmente feliz; comprarlas muchas veces lo único que te deja son deudas; y tenerlas, tampoco tiene por qué hacerte feliz si realmente no las necesitabas. Piénsalo por un minuto y vuelve a formularte, ¿a qué no estás dispuesto a renunciar en tu vida?

Hace unos años dejé atrás toda la materialidad de la que me rodeaba. Había entendido que acumulaba más de lo que necesitaba y después de escanear, vender, regalar o tirar, me quedé con dos únicas maletas con algo de ropa básica y un regalo que me hizo mi padre antes de morir. Por supuesto, llevé conmigo el portátil, la cámara y el teléfono móvil, porque son parte de mi trabajo y no les tengo ningún apego, pues además los intento renovar cada poco tiempo.

*Repite conmigo: Zero Stress*

¿Qué ahora toca un tercer apartado dentro del capítulo? Lo sé, es parte de la rutina a la que intento acostumbrarte, pero te comento que tengo que ir al jardín de infancia para recoger al mayor **tesoro** de mi vida, mi hijo, a quien no podría renunciar. Además, la puntualidad es un valor que intento respetar siempre.

*Repite conmigo: Zero Stress*

## 12 Un trabajo normal (1 mayo)

Hoy es 1º de Mayo, día internacional de los trabajadores. Pero vamos, como el día de la madre, el día del padre, el día del niño y otros muchos días más, no resulta algo internacional, porque según el país se celebra en distintas fechas. En el planeta ni nos ponemos de acuerdo para conmemorar algo que hacemos casi todos. Si ya cuesta ajustar la fecha, ni qué decir su significado. Mientras que muchos países lo respetan y se paran casi por completo, otros no interrumpen la actividad de sus zonas turísticas.

En mi caso, me fui a pasear con mi hijo. Comprobé que la ciudad andaba cerrada, hasta que llegamos a la gasolinera más cercana, ¡que funcionaba con completa normalidad! Allí me senté a tomar una cerveza para celebrar esta ocasión especial y, mientras jugaba con mi pequeño, reflexioné sobre la importancia que merece un día como hoy.

¿Que todavía no tienes trabajo? Entonces, ¿qué vas a celebrar? ¿Qué estás cansado de tu trabajo o eres estudiante? Entonces, ¿qué celebras? Quizás todo esto no va contigo, ¿así que ya no quieres revindicar los derechos de los trabajadores?

### *Repite conmigo: Zero Stress*

Comencemos por lo básico, ¿para qué sirve trabajar? Personalmente, me crie con la idea de que "el trabajo dignifica" y, partiendo de esa motivación, intento que mi esfuerzo, además de proporcionarme el sustento para una vida digna, tenga algo de utilidad para el mundo. Ese pensamiento positivo se asentó en mi vida a lo largo de los años y ha conseguido ser una increíble fuente de satisfacción. Tengo que reconocer que también me ha generado muchos enemigos, quienes no comparten el mismo valor y solo trabajan por dinero. Aprendí que mucha gente insatisfecha no tenía el menor reparo en pisarte sin reparo cuando comprobaban que sí se puede disfrutar del trabajo. De toda mi experiencia laboral quiero contarte uno de mis mayores aprendizajes, que ha sido compartido miles de veces en las redes sociales y que no dudo que te arrancará una sonrisa. Son "Las 10 reglas que utiliza un incompetente profesional":

1. Culpar a los demás: pase lo que pase, siempre habrá otra persona a la que se le podrá culpar de todos los males, por mucha o nula responsabilidad que tenga. En el argot de los inútiles, esta regla se llama "echar balones fuera" y llegan a mencionar aquello de "el perro se ha comido mis deberes".

2. Apropiarse y aprovecharse de los logros de los demás: que resulta fundamental para llegar muy arriba mientras los de abajo no paran de quejarse de nuestra incompetencia. En el argot de los inútiles, se denomina "ponerse las medallas de otros".

3. Decir que no se ha hecho nada: aunque le hayan filmado cometiendo el mayor crimen del mundo, niéguelo todo. Siempre podrá alegar que es una compleja trama que ha preparado su peor enemigo para poner en duda su honestidad.

4. No dar la cara y evitar declaraciones: nunca intente defenderse si ha hecho algo mal. Le acusarán de cosas que ni hubiera pensado. Mejor evitar declaraciones y mencionar un escueto: –No he hecho nada, todo es un complot contra mi honestidad y buen hacer–.

5. Buscar falsos testigos para apoyar la mentira: siempre hay algún amigo despistado, de esos que se mueren por estar a su lado, que estarán dispuestos a declarar cualquier cosa y que consolidarán nuestra tontería. Es importante tener algunos a mano.

6. Poner a otros a declarar por ti: si no queda más remedio, y no se puede aplicar la regla 4, es mucho mejor si lo hacen otras personas por ti. Con el complemento de los testigos de la regla anterior, intenta ahora poner a declarar a personas que sean bien simplonas, ya que acabarán aburriendo a todo el mundo.

7. Poner a un abogado a declarar por ti: agotado el punto anterior, mejor poner al abogado que responda con evasivas y contradicciones.

8. Inventar un papel de santo: si finalmente nos toca decir algo, es importante haber creado una historia que nos eleve al nivel del Espíritu Santo y que haga pensar a todo el mundo que no haríamos tales actos bajo ningún concepto.

9. Arrojar piedras al tejado del enemigo: ¿alguien nos quiere poner contra las cuerdas? Por muy santo que sea, tendrá algún lado oscuro. Busca ese lado oscuro y golpéalo con fuerza hasta que no quede duda de que es peor persona que el Demonio.

10. Inventar un complot: si alguien ha llegado a ponernos contra las cuerdas, y aun así no hemos podido derribarle, no queda más remedio que urdir un complot mediante una cortina de humo. Las historias más utilizadas son las que incluyen violación o acoso, porque siempre consigue recopilar muchos adeptos fanáticos.

¿A cuánta gente conoces que las aplica a las mil maravillas? ¿Quizás te viene a la mente algún político?

### *Repite conmigo: Zero Stress*

Seguro que las reconoces en alguna persona cercana que se presenta como un completo profesional, aunque en realidad no deja de ser un incompetente. La verdad es que ninguna regla ha salido de Internet o libro alguno. Todas las he sufrido en primera persona, en juicios o ataques, y me han servido para detectar a quienes denomino como "cucarachas humanas".

Si el trabajo dignifica, ¿cómo he podido llegar a observar todo esto en la práctica? ¿Por qué el trabajo está impidiendo que las personas se realicen y, en muchos casos, solo sirve para que puedan sobrevivir? ¡Excelente reflexión! ¡Nos vamos acercando! ¿Trabajas para vivir feliz o trabajas para conseguir el dinero que pague tus cuentas? ¿Te has planteado alguna vez que podríamos trabajar mucho menos si realmente bajáramos nuestro deseo de consumir cosas que no necesitamos?

Como nos recuerda Pepe Mujica, hemos creado un sistema capitalista que nos permite una calidad de vida superior a la de hace siglos, pero el propio sistema capitalista nos está devorando y acabamos trabajando para el sistema en vez de para nosotros mismos. Existen recursos naturales en la Tierra para poder abastecernos y estamos jugando a repartirlos mal. Muy mal.

–Un momento, ¿estás indicando que nos volvamos comunistas y que todo sea compartido por todos?– ¿Ves cómo tu mente tiende a irse a los extremos? No soy partidario ni del consumismo ni del capitalismo acérrimo, pues ambos en sus extremos nos demuestran una cosa bien sencilla: no nos acercan a ser felices.

*Repite conmigo: Zero Stress*

## 13 Una jornada normal (2 mayo)

Tras el pasado día internacional de los trabajadores mucha gente ha retomado su rutina laboral. He comprobado menos desánimo del habitual porque hoy es viernes y, claramente, los viernes gustan muchísimo. Para mí es igual, porque como mencioné, mi horario laboral es bastante flexible y no hago distinción entre los fines de semana y los días laborales. Por cierto, laborables depende de para quién, porque en Oriente Medio se descansa viernes y sábados y se trabaja de domingo a jueves. Al final este mundo globalizado tiene muchas normas y culturas. Por mi parte, prefiero pensar que no es importante el día que sea, sino más bien que hay que rendir en cada momento.

Cambiemos la perspectiva, ya que el 1º de Mayo muchas personas demandan mejores condiciones para el empleado: mayor salario, más tiempo de descanso, que se respete la conciliación de la vida personal y laboral, etc. Pero la pregunta es, ¿y qué hace el empleado por mejorar sus habilidades para dar mayor rendimiento a la empresa?

—No me andes con tonterías, ¡es la empresa la que se tiene que encargar de formarme en el trabajo y ponerme todos los recursos necesarios para mi mejora laboral!– ¿Seguro?, ¿y si fueras tú realmente el responsable de tu carrera profesional y no dependieras de la empresa? Al margen de los extras y vacaciones, la empresa te paga a final de mes un salario que finiquita la parte correspondiente a tu trabajo del mes. Y ya, así es la relación laboral.

Pero nooo, conozco muchas personas que frecuentemente comentan —¡10 años entregados a esta empresa, me lo tienen que compensar!–, hasta que llegan a... –¡20 años entregados a esta empresa, les estoy dando lo mejor de mí!–, y acaban en... –¡30 años dedicados por completo a esta empresa, ¡me deben la vida!

Por favorrr, repetiiimooos, la empresa te paga mes a mes y, como mucho y según el país, tendrá que pagarte una liquidación. Pero la empresa no te debe la vida, por más que te quieras convencer de lo contrario.

### *Repite conmigo: Zero Stress*

Obvio que es ideal trabajar en una empresa que fomente la felicidad, el trabajo en equipo, la formación continua, la remuneración variable según beneficios y que, con el tiempo, te haga socio de la misma, por mencionar algunas cosas que a todo el mundo gustan. El modelo más parecido que he visto a ese deseo se llama cooperativa, pero después de analizarlo en detalle comprobé que tiene sus ventajas e inconvenientes.

No te compliques tanto la existencia. Primero hay que saber qué tipo de trabajo quieres. Quizás quieres ascender de posición más rápidamente. Quizás quieres disponer de más tiempo libre. Quizás quieres aprender cosas nuevas constantemente. Todo depende, ¿pero te has parado a pensar cómo sería tu trabajo ideal? Porque quejarse es una actividad muy interesante, que no requiere pagar impuestos y que, realizada con otros quejicas similares, ¡permite hacer amigos muy rápidamente! Pero, ¿y a dónde te lleva? A perder el tiempo.

Además de saber lo que uno quiere, hay que ponerse en el sitio adecuado para tener un futuro laboral próspero. Eso implica buscar el país correcto que esté creciendo en el sector deseado, en la posición que nos permita desarrollarnos a la velocidad de crucero que queramos, rodearnos de personas con las que nos entendamos, etc. Es decir, es importante saber lo que quieres y después buscar un trabajo en el sitio adecuado.

–¡Qué listo eres!, ¡en mi ciudad no hay trabajo!, ¡no tengo ni para comer!, ¿cómo mantengo a mi familia?– Bueno, ya eres esclavo de la sociedad capitalista y, si tienes que mantener a una familia, tendrías que haber reservado un "dinero de colchón" para poder cambiarte a otro entorno (país, ciudad, sector) que crezca antes de que te llegara la soga al cuello. Pero nooo, hay que esperar hasta el último momento y habitualmente pensamos que nunca nos tocará a nosotros.

*Repite conmigo: Zero Stress*

–¿Entonces puedo mejorar en mi trabajo? ¿Me estás diciendo que me cambie de inmediato?, porque todo el mundo me dice que no estoy haciendo lo correcto– Si seguimos la filosofía zero stress lo importante es que tú te sientas a gusto y, evidentemente, tengas un ingreso económico para vivir al nivel que deseas.

Si estás estudiando, intenta pensar bien lo que te gusta y pon toda tu energía en aprender lo máximo posible. Es bueno que pienses en la formación como algo continuo, no limitado solo a los años de estudio iniciales.

Si estás buscando un trabajo, intenta conocer tus mejores habilidades y busca el lugar en el que obtener mejor partido y que creas que te permitirá desarrollarte profesionalmente.

Y si tienes trabajo, ¿realmente te gusta? Si es así, perfecto, ¡poténcialo cada día! Si no es así, ¿qué podrías hacer para ir poco a poco al estado deseado? Tranquilo, igual que no se construye un edificio en un día, tendrás que pensar los pequeños pasos que te conduzcan a la meta. No vale solo con pesar en positivo, como dicen algunos gurús del crecimiento personal. Además, necesitarás paciencia y esfuerzo para conseguir las cosas. Si no te sientes en el trabajo adecuado ya sabes que debes intentar cambiar de país, de ciudad, de mercado laboral, etc. sin reparo. Y ya sabes que no serás el primero que lo hace.

*Repite conmigo: Zero Stress*

## 14 Un pago normal (3 mayo)

El otro día mencioné el stress inconsciente que se genera al comprar con la oferta tan variada que hay. Es solo una fase, ¡porque después toca pagar! Sí, sí, al pagar también *juegan* con nosotros. –¿Pero qué tontería dices ahora?, saco mi tarjeta de crédito, que me da un montón de ventajas en todos los establecimientos que frecuento, y en cuestión de segundos está todo resuelto, ¡son los tiempos modernos! ¡Ya ni necesito ir cargado de billetes–. No te quepa la menor duda, si quien no es feliz es porque no quiere.

Desde hace pocos días estreno una nueva tarjeta de beneficios llamada "Amigos" que me han dado por "supuestamente" consumir una barbaridad en un centro comercial. El "supuestamente" es una historia muy divertida ya que para conseguir la famosa tarjeta solo necesite ocupar mejor los paseos con mi hijo por los restaurantes de comida rápida. Al pasar por las mesas, no sin antes pedirlo con la mejor sonrisa, me dediqué a juntar los comprobantes de compra que muchos clientes tenían en sus bandejas de comida y que iban a tirar.

Muchas veces no consiste en seguir una norma, sino en ser más listo que el que la puso. No nos engañemos, es la raíz del carácter latino. En solo tres días había conseguido casi 200 comprobantes y "supuestamente" gastar un montón de dinero, que me permitió sin problemas obtener la beneficiosa tarjeta.

¿Y ahora cómo obtengo todos los beneficios y descuentos de dicha tarjeta? Descuentos del 10 %, 20 %, 30 % en distintos días de la semana, con 2x1 en los cines y muchos obsequios, como un masaje gratis por mi cumpleaños. ¡Quiero obtener el máximo rendimiento de mi hazaña!

*Me tuve que repetir: Zero Stress*

Al mediodía me acerqué a comer pizza al sitio más relajado que encontré en todo el centro comercial... ¡porque en ciertos momentos resulta imposible! Con la nueva tarjeta "Amigos" encontré que ese local indicaba: "10 % de descuento en el salón excepto menú ejecutivo, combos y té completo". Bueno, sin problemas, el salón ejecutivo me parecía eso, muy ejecutivo, y además había más gente. Solo quería tomar algo en la barra exterior, donde no había casi nadie y veía al cocinero preparar las pizzas en un antiguo horno de barro ¡que me resultaba mucho más curioso!

Pregunté si el descuento estaba vigente donde iba a comer, ya que tampoco había problema de ocupación. Desde una perspectiva empresarial me resultaba obvio que me beneficiaría del descuento, pues el personal del salón ejecutivo parece mucho más atento y profesional; es decir, seguramente reciben mejor salario. ¡Pues mi gozo en un pozo!, ¡no podía tener mi descuento fuera!, ¡tenía que comer dentro! Bueno, zero stress, para dentro que me voy, ¡total, más coste para la empresa y más comodidad para mí a la hora de comer!

Afortunadamente, ya no me paso de listo como en mi juventud, que pensaba que me lo sabía todo. Ahora lo pregunto, ¡y ahorro un montón de energía evitando discusiones sin sentido con empleados que no tienen la culpa de estar aplicando reglas ridículas! Pero después vendría la cuenta, ¿y ahora con qué pago?

*Me tuve que repetir: Zero Stress*

Si pagaba con la tarjeta del banco obtenía un 15 % de descuento, pero no me sumaba puntos para aparecer como buen cliente de la nueva tarjeta "Amigos". Si pagaba con la tarjeta "Amigos" solo obtenía un 10 %, pero me llevaba ventajas acumuladas al final del año. ¿Y si pagaba en efectivo ahorrando la comisión que reciben las tarjetas de crédito no tendría aún mayor descuento? No, en este sitio no... ¡argggghhh!, ¡qué caos se generó en mi cabeza solo para pagar!

Te comparto que había una temporada que tenía todas las tarjetas para acumular puntos y una cantidad ingente de tarjetas de crédito. Es curioso, porque siempre pensé que el bronce, plata y oro eran, por ese orden, el color de peor a mejor categoría, siguiendo la idea de los juegos olímpicos. Pero en las tarjetas de crédito resulta que existen las tarjetas normales, después se pasa al oro, después al platino, y curiosamente, ¡después a una llamada Centrino! Al menos en una importante marca de tarjetas de crédito.

Claro... ¡te agarran a querer más y más! Tienes la tarjeta oro y quieres ser platino, porque eso parece que te abre las puertas a un nuevo universo. Y venga a gastar y gastar. Luego quieres más, y venga a gastar y a pensar que te sientes exclusivo porque gente, a la que le importas bastante poco, te quiera dar un trato exclusivo al ofrecerte un pequeño descuento en algún hotel o viaje. Es el cuento de nunca acabar.

Hace poco tiempo emprendí una nueva vida en otro país, en donde empecé con solo una tarjeta de débito para sacar dinero en los cajeros automáticos. Nada de tarjetas de crédito. Nada de pensar cuántas letras tenía pendientes de pago. Así, conseguir no volver a gastar por encima de mis posibilidades. No soy ningún tonto para negar que las tarjetas de crédito tienen sus ventajas, pero permítete la reflexión, ¿cuántas tienes que no utilizas para nada?, ¿cuántas podrías tirar a la basura y no complicarte en absoluto? Si solo tienes una o ninguna... ¡felicidades!, te has ahorrado un montón de complicaciones a la hora de pagar.

*Repite conmigo: Zero Stress*

## 15 Un país normal (4 mayo)

Un domingo tranquilo y bien soleado. Sin dudarlo, me fui a pasear por el centro de la ciudad, ¡donde siempre se conoce gente de otros países! A Montevideo (Uruguay) vienen muchos turistas brasileños y algunas veces coincido con algún compatriota español que se ha visto obligado a emigrar por las malas condiciones que atraviesa mi país de origen.

Mientras disfrutaba de un excelente cochinillo en el Mercado del Puerto vi, que en la mesa contigua, había una pareja de españoles que estaban con dos hijas de temprana edad. María y Pablo habían nacido en ciudades distintas de España, se conocieron en otra ciudad de España y ahora residían en Buenos Aires (Argentina). A él le habían ofrecido un puesto como expatriado en su empresa y ella encontró trabajo en cuanto lo buscó, así que vivían sin preocupaciones. Se conectaban sin problema con su familia por videoconferencia y así se mantenían informados sin apenas experimentar sensación de distancia. No se sentían atados a su país de origen y tenían la idea de establecerse con sus hijas donde mejores oportunidades les brindara el futuro. ¿Quizás Canadá? ¿Quizás China? ¿Quizás volver a España? ¡Todo es posible!

¿Ya has pensado cuál es el mejor lugar del mundo para vivir? ¿Has visto qué maravillosas son algunas playas para tumbarse y dejar la mente en blanco? ¿O sueñas con pasear por algunas ciudades modernas llenas de luces? ¿No piensas salir de tu barrio porque es el mejor del mundo? Así me gusta... ¡con decisión!

### *Repite conmigo: Zero Stress*

No me criaron atado a la pata de una cama y por eso he podido viajar por muchos lugares del mundo sin apenas complicaciones. He tenido oportunidad de vivir en tres países del mundo y más de ocho ciudades. Al principio me movía de un lado para otro cargado de objetos materiales: cajas, cajas y más cajas. Los libros de la universidad, las carpetas de la maestría, los escritos más importantes que tuviera, un cargamento de ropa, objetos a los que me había acostumbrado tener cerca… ¡y más y más y más cosas!

Después de varias mudanzas, reflexioné sobre todo lo que arrastraba y comprobé que muchas cosas salían y volvían a entrar en las cajas sin que las hubiera utilizado. Recuerdas cuando te pregunté, ¿a qué no estás dispuesto a renunciar en tu vida? Bien, aprendí a desprenderme de todo lo material que me rodeaba y que realmente me resultaba una carga.

Hace algún tiempo decidí realizar un desapego completo de lo material. Comencé con los CD antiguos… ¡ahora escucho la música en el portátil y llevo años sin poner un simple CD de música! Seguí con los DVD, que ya no veo porque también tengo todo en el ordenador. Seguí con los apuntes y libros, que ni leía porque Google es mucho más inteligente. Los cientos de revistas que ya no sirven para nada. Los miles de papeles que, si valían algo, digitalicé. Los adornos que aburren hasta mi inconsciente. La televisión gigante que ocupaba mucho espacio y que además ni veía. Y así… hasta que me quedé con mi ordenador, que puedo cambiar por cualquier otro (me interesa la información que acumulo), unas cámaras de video, un trípode, mi partida de nacimiento, los títulos de la universidad y MBA en papel (que, aunque escaneados, piden siempre los originales) y la ropa necesaria para abrigarse. En total, dos maletas. Sí, toda mi vida en dos maletas.

Las dos semanas en las que digitalicé papeles, vendí, e incluso regalé mis posesiones, encontré a muchas personas que me miraban con absoluta envidia. No me tembló el pulso y cada cosa de la que me desprendía me hacía sentir más libre. ¿Te imaginas haciendo algo parecido? Ahora es cuando empiezas a pensar algunos "peros", por no decir miles.

### *Repite conmigo: Zero Stress*

Comprobé en la práctica que mi vida está en mi interior, no en el exterior. Es verdad que nunca pensé que podría hacer algo así, hasta que un día lo hice. Ahora cuando lo miro con perspectiva, ¡me siento de maravilla!, ¡me siento libre!, ¡puedo volar! No es menos cierto que ahora me acompaña mi hijo y no es cuestión de meterlo en una maleta, pero le estoy enseñando desde el primer día para que no acumule más de lo debido, para que se sienta libre.

Libres, así se sentían María y Pablo hoy. Aunque tuvieran dos hijas, no tenían el mayor problema de llevar a remolque unas cuantas cajas y decidir vivir dónde mejor suerte tuvieran para su familia. Pero libres. ¿Te gusta tu casa, tu barrio, tu ciudad, tu país? Tú decides dónde quieres vivir, por más obstáculos mentales que te quieras crear. ¿Realmente tienes todo lo que necesitas? ¿Realmente estás a gusto en dónde vives?

–¿Entonces hay que tirar todo por la ventana y empezar a vivir como un nómada por cualquier parte del mundo? ¡Pero si yo tengo un montón de posesiones de las que no voy a desprenderme! ¿Qué tengo que hacer?– Como siempre, en nuestra filosofía zero stress cabe la pregunta, ¿eres feliz dónde vives ahora? Si la respuesta es sí, mejor que mejor, no dejes de compartir con tus amistades lo agradecido y bien que te sientes por estar en el sitio que siempre has querido estar.

Si la respuesta es que no te sientes bien donde estás, antes de que me respondas en dónde deberías vivir para no enfadar a tal persona, antes de que me digas lo necesario que te resulta vivir en tu tierra natal, antes de que insistas en la importancia que tiene la casa donde has vivido con toda una generación familiar, la cuestión es, ¿dónde quieres estar? Si estás viviendo en el sitio que quieren otros, y no donde tú deseas, ya eres esclavo del sistema… ¡enhorabuena! ¡Es tu decisión!

### *Repite conmigo: Zero Stress*

Deberías buscar armonía allí donde vives y, si eso no ocurre durante un tiempo, tendrías que empezar a pensar cómo cambiarte de casa, de barrio, de ciudad, de país, ¡sin reparo alguno!, porque tal y como hicieron Pablo y María, no serías el primero que lo hace.

## 16 Un cuerpo normal (5 mayo)

Miraba el calendario y me percataba de los pocos días que quedan para mi cumpleaños… Ummm… cumpliré 39 añitos… ¡pero cómo pasa el tiempo! ¡Y el cuerpo nota poco a poco los años vividos! Bueno, para serte franco no echo en falta ninguna función de mi cuerpo y todavía no sé si es porque cada día me siento más feliz y realizado o, simplemente, porque me importa muy poco el aspecto físico. No me encuentro las arrugas que siempre comentan en la televisión, tampoco parece que me haya quedado calvo y mi ligera barriga me sigue permitiendo ver mis piernas.

Hoy en día han inventado cómo aparentar un cuerpecito de 20 años aunque ya hayas pasado los 50 años. Operación de cirugía por aquí, retoque por allá, un poquito de relleno por acá… ¡y al final no te reconoce ni tu madre!, pero no porque no estés estupendo, sino porque te vuelves puro plástico.

No solo tienes que vestirte a la moda con lo último que están mostrando en las pasarelas de París o Milán. Además, ahora tienes que ponerte el último tatuaje que tiene tal cantante, el último piercing que lleva tu actor favorito o seguir la dieta de ese deportista de moda. ¿Qué todavía no te has puesto a ello? ¿Pero a qué esperas?

*Repite conmigo: Zero Stress*

Cada día leo a algún gurú que recomienda hacer ejercicio físico, incluso muchos indican la necesidad que tiene el cuerpo humano de ir al gimnasio. Bueno, quizás tienen a algún familiar gestionando un local deportivo… ¡pero a mí me cansó soberanamente ir al gimnasio un par de años! Cuando llegaba había todo un ritual, que iba desde hacerse el interesante en los vestuarios hasta llegar a la cara de satisfacción en la ducha, pasando por sonreír mientras sufrías haciendo pesas o montabas en bicicleta.

Según la máquina no había quemado ni 600 calorías tras una hora... pero en cuestión de minutos ya había agarrado 1.000 calorías con un montadito y un par de cervezas. Personalmente, ¡no disfrutaba del hecho de estar todo el día obsesionado con las calorías! ¡Me abrumaba cómo todo el mundo miraba y no paraba de aparentar que su cuerpo era un templo sagrado! ¡Me cansé de tanta fachada! El ejercicio físico es muy importante para nuestra salud y siempre prefiero hacerlo a mi manera paseando durante horas por toda la ciudad.

Aunque reconozco que el gimnasio tenía algo muy positivo. Mi mejor momento llegaba en la zona de spa y sauna, en donde me podía tumbar y olvidarme de todo por un rato. Allí sí que sentía que mi piel se limpiara de la toxicidad del día y realmente envidiaba la cultura de algunos países como Finlandia, en donde se meten totalmente desnudos en saunas mixtas sin pudor alguno.

–¿Totalmente desnudos?, ¡qué vergüenza!, ¡vaya forma de exponer el cuerpo!, ¡de ahí se llega al pecado total y seguro que se acaba en las drogas y los peores vicios!–, ya salió el moralista... Pero en ciertos países no hay problema a la hora de compartir la desnudez. Me gusta pensar en el contraste que existe entre los trajes de baño que tenían nuestros abuelos (casi trajes de buzo) y la habitual desnudez que muestran muchos jóvenes en algunas playas del mundo.

–¡Así va la sociedad! ¡Ahora lo enseñan todo! ¡Son una incitación a la perversión y al pecado! ¡Que no se quejen luego de las consecuencias!–, volvió a salir el moralista... ¿Pero dónde quedó la libertad de que cada uno haga lo que mejor convenga?, por supuesto, sin molestar a los demás.

Hoy en día muchas personas intercambian su desnudez por Internet mediante la cámara del teléfono móvil de una forma que nadie habría imaginado hace algunos siglos. Un momento, nadie lo habría imaginado porque no tenían Internet, ¿pero lo habrían deseado? ¿O es que en la Edad Media nadie tenía deseos sexuales?

–¡En la Edad Media no se permitían esas aberraciones! ¡El mundo era mucho más serio! ¡Y los grandes pecadores iban directos a la hoguera!–, de verdad que no me importa que lo digas, pero me da vergüenza que todavía haya gente que se crea todo eso.

¿Es que nunca has hecho una foto de tu cuerpo desnudo? ¿Nunca te has visto? ¿Nunca te han visto? ¿Sigues pensando que tu cuerpo es sagrado y solo debe ser compartido con la pareja que tengas para toda la vida? Si no sabes disfrutar de tu cuerpo no hay problema... ¡tú te lo pierdes!

### *Repite conmigo: Zero Stress*

La mejor forma de evaluar cómo cambian los tiempos es mirar la conocida revista para hombres *Playboy*. Disculpa mi ignorancia, pero me parece que no existe un equivalente mundial de revista para mujeres. Antes viajaba mucho y me gustaba observar esta revista en sus distintas ediciones. En algunos países no había problema en mostrar todo el desnudo en la portada y en otros todo quedaba relegado al contenido interior. Cuando miraba la portada en el quiosco de cualquier aeropuerto ya tenía una idea de cómo sería la cultura del país en el que me encontraba. No es broma, se comprueban grandes diferencias de un país a otro y ahora con Internet ni siquiera hay que viajar, ya que resulta bien sencillo buscar las imágenes de diferentes ediciones en Google.

¿Por qué en algunos países es tan vergonzoso mostrar el desnudo y en otros no hay mayor reparo? ¿Por qué en algunos países se encuentra que la operación de aumento de pecho es el regalo favorito de las jovencitas antes de entrar en la universidad? ¿Por qué en muchos sitios está prohibido el topless y en otros resulta casi inadecuado no estar desnudo en la playa?

Durante la infancia casi todo el mundo quiere ser adulto, mientras que de adultos muchos quieren volver a ser jóvenes. Muchos de piel blanca quieren estar morenos como negros y algunos negros quieren ser lo más blanco posibles. Muchos bajitos se estresan porque se sienten sin capacidad de ver bien el mundo y algunos altos se enfadan porque no están cómodos en los aviones.

Cada edad y físico tiene sus ventajas e inconvenientes. Sabemos que vamos a morir todos sí o sí, pero ¿por qué es tan importante aparentar lo que no somos? ¿Es que no vas a aceptar que tu cuerpo puede ser normal?

*Repite conmigo: Zero Stress*

## 17 Una relación normal (6 mayo)

Casi todo el mundo quiere encontrar a una persona con la que entenderse, con la que compartir la vida, con la que comprometerse y a la que amar hasta el infinito. Indico el "casi" por educación, pero la realidad es que me parece que cualquier persona "normal" necesita lo indicado. Y cuando digo "normal" quiero decir normal, vamos, que a todos nos gusta encontrar algo así. Ya lo dice Humberto Maturana, un excelente científico chileno a quien tuve ocasión de conocer en persona, que el amor es un fenómeno biológico propio del ámbito relacional animal. Vamos, que nos guste aceptarlo o no, estamos diseñados para amar.

Si aceptamos que biológicamente estamos diseñados para amar, sería bueno preguntarse, ¿qué has hecho para encontrar a la pareja adecuada?, ¿qué haces para conseguir que la relación funcione día a día?, ¿qué te hace continuar con tu actual relación pese a saber que no te hace bien?, ¿realmente estás respetando tu biología de amar desde el respeto hacia tu persona y hacia tu pareja?

Es una realidad que convivimos en un contexto acelerado en el que la esperanza de vida ha aumentado de forma espectacular en pocos años. Pero no es menos cierto que nos seguimos imponiendo un paradigma creado hace cientos de años, cuando existía la necesidad de buscar a una pareja que durara eternamente. ¿Todavía no has encontrado al amor de tu vida?

*Repite conmigo: Zero Stress*

–¡Pero es imposible!, ¡siempre doy con mala gente que me quiere para lo que me quiere!, ¡a mí no me cuentes más cuentos!– Haya paz, que por más que quisiera, de cuentos no tengo mucha idea. Bueno, hasta donde llego a entender, me parece que comienzan con un encuentro, muchas veces casual y estrambótico y que continúan con una historia con muchos desenlaces extraños, pero que siempre, siempre, siempre, tienen muchos corazoncitos y flores que acaban en miles y miles y miles de abrazos. Y colorín colorado, este cuento te he contado.

–¡Eso no es así!, ¡no sale nunca así!, prefiero leer a Jean Paul Sartre, que ya me recuerda que «el infierno son los otros»– Claro, sin duda, si ya sabía yo que te veías como un demonio. ¡Vaya forma de buscar el amor! ¡Desde una posición de víctima es complicado empezar nada!

No hace mucho aprendí de un gran mentor que "solo el 2 % de las personas son mala gente, el otro 98 % son meros ignorantes de lo que hacen". Me da igual si es un 2 %, un 4 %, o en tu caso se acerca al 49 %. Son menos los malos que los buenos, por más que te empeñes en pensar lo contrario.

Otra cosa es que te rodees de personas tóxicas que te complican cada segundo de tu vida. ¡Mucha gente parece que tiene un imán!, y cuando le dices que su pareja le hace mal y que se busque otra, la respuesta es un acto reflejo, –¡pero qué le voy a hacer yo si es lo que me ha tocado!–, pues nada, si el que no se consuela es porque no quiere.

### *Repite conmigo: Zero Stress*

–¡Qué poca idea tienes de lo que me ha tocado! ¡No se salva nadie! ¡Mucha mediocridad!–, lo respeto y te entiendo. A mí me ha pasado de todo, pero he llegado a la conclusión, tras mucho tiempo sin querer aceptarlo, de que siempre, siempre, siempre he tenido algo, algo, algo de culpa en la ruptura de todas, todas, todas las relaciones.

Algo que no dije a tiempo. Algo que no escuché en el momento adecuado. Algo que di por hecho que sabía la otra persona como si me hubiera leído el pensamiento. No, la conexión wifi solo funciona con máquinas que se comunican ¡con un mismo protocolo! De momento, los humanos tenemos que conformarnos con el diálogo, la comunicación y el entendimiento, siempre basándose en el respeto a uno mismo y a la persona con la que quieres compartir cada momento. Solo en ese caso se deja de hablar de uno mismo o del otro y se genera un vínculo mucho más potente, llamado relación.

En infinidad de veces he escuchado frases como "no haces nada por mí", "no me entiendes en lo más mínimo", "estás todo el día diciéndome las cosas más feas del mundo", "quiero que cambies ya tu maldita forma de tratarme". Es una forma de hablar tóxica que da por certera la postura del yo. Cuesta un montón, pero es infinitamente mejor mencionar cosas como "tenemos que hacer más cosas para perfeccionar la relación", "deberíamos crear más y mejores alianzas", "tenemos que aportar más cosas a la relación para que la podamos hacer brillar cada día", "me gustaría que tratáramos algunos temas para entendernos mejor".

*Repite conmigo: Zero Stress*

No sé si te funcionará el cuento de Walt Disney de princesa o príncipe para toda la vida. En lo personal no busco princesas que me demanden ser un príncipe. Solo busco amar como dice Maturana, como forma normal en nuestro ser, tanto con el corazón como con la mente. Sin contratos, solo con un amor que se tiene que renovar día a día.

## 18 Una situación normal (7 mayo)

Claro que estoy presentando un montón de situaciones que generan stress y, en muchos casos, tampoco te estoy dando demasiadas claves para arreglarlas, quizás alguna indicación genérica. Pero si has llegado a visualizar que la situación te genera stress, créeme que ya has entendido una parte importante del problema. Muchas personas no son capaces de aceptar los comportamientos tóxicos que genera el stress en otros ¡o en sí mismos!

Muchas personas, al ver la situación tóxica en sus narices te cortan la conversación y cambian de tema sin venir a cuento. O te responden con gritos y te atacan por cualquier tontería. O te cuelgan el teléfono y te dejan con la palabra en la boca. O te borran del WhatsApp o del Facebook como si así se fuera a arreglar el problema. Cuando se escucha, se procesa, se asimila el problema y se acepta que hay una situación que, pese a ser normal, es muy tóxica, se da el primer paso.

Este primer paso permite encontrar una solución a corto o largo plazo y no te obliga a sentirte mal, sino humano. Además, te invita a avanzar con un segundo paso, un tercero, un cuarto y los que sean necesarios, hasta alcanzar una nueva actitud que cambie esos comportamientos que generan stress.

–¡Lo que dices es un muy básico!, ¡pues vaya tontería!, ¡a mí no me pasa nada de eso!

### *Repite conmigo: Zero Stress*

No pienso negar que a mí me costó una barbaridad cambiar ciertos comportamientos. Y digo cambiar, sí, las personas cambiamos, y quien piense lo contrario se morirá viendo dibujos animados. Otra cosa es que queramos cambiar por decisión propia, decisión madura, o que lo hagamos porque lo piden otros, decisión que se comprueba complicada en el mundo actual. Muchas veces la gente se defiende de los errores atacando las debilidades de los demás. Que tire la primera piedra quién esté libre de pecado. Vaya, como siempre, no me cae ninguna.

Algunas veces cuento esta pequeña conversación para mostrar la maldita manía que tienen algunos con las comparaciones:

–Señora, venimos a detener a su hijo porque esta mañana ha asesinado a su compañero de clase– comenta el policía con aire autoritario.

–¡Pero qué me están diciendo! ¡Vayan a por el hijo de mi vecina, que ha asesinado ya a veinte! ¡Y dejen a mi hijo en paz!– responde la madre con una tranquilidad pasmosa.

Seguro que parece una tontería de diálogo, y un tanto irreal, ya que una madre nunca se quedaría tranquila si su hijo mata a otra persona. Ahora cambia la palabra asesinado por otras como maltratado, pegado, mentido, acosado… y verás que resulta más real.

### *Repite conmigo: Zero Stress*

La política es la disciplina pública en la que más encuentro esta práctica comparativa. Algún partido político justifica que ha robado un montón de dinero al decir que otro partido político ha robado el doble. Claro, y seguro que en algún otro país habrá otro que haya robado el triple, o diez veces más. Pero siempre está mal robar, ya sean unas pocas monedas o una cantidad ingente de dinero ingresada en un paraíso fiscal de cuentas opacas. Todos estos comportamientos ruines son inadmisibles y no se debe aceptar ninguna actitud como mejor o peor.

Está bien compararse con uno mismo e intentar mejorar siempre, pero el consuelo de la comparación con los demás no debe ser una pretensión habitual para eludir la responsabilidad por nuestros actos. Muchas veces nos educan para evadir los compromisos, pero personalmente me parece de una inmadurez extrema.

Excusarte de tus errores advirtiendo que son menores que los que cometen otros es un ejercicio de pataleo que solo sirve a los incompetentes que no asumen sus responsabilidades. No debes continuar rodeado de personas que no te generan confianza y, sobre todo, intenta evitar a la gente que está todo el día presumiendo de su inutilidad a base de compararse con los peores.

***Repite conmigo:** Zero Stress*

## 18.1 Un proyecto normal (7 mayo)

Hoy compartía con los alumnos de la universidad las cuestiones habituales en una gestión de proyectos. Realmente este libro es un proyecto más, que comenzó el 20 de abril y cuya finalización será el 9 de mayo... ¡justo 20 días en la vida de un experto en felicidad!

En clase compartía la importancia de poner a cualquier proyecto una fecha de inicio como motivación para el cambio y de indicar una fecha de fin, para conocer el éxito de las actividades realizadas y medir su rendimiento. Siempre acompañadas de los objetivos que se pretenden cumplir y del conjunto de actividades que nos permitan alcanzar la meta deseada.

Por tanto, y a solo dos días de finalizar este fascinante proyecto, ¿se están cumpliendo los objetivos deseados? Personalmente, y como principal recurso involucrado, puedo indicar que no he faltado ningún día a la cita. Todos los días he compartido cosas reales que se han cruzado en mi camino. Ha sido el mejor ejercicio de improvisación de mi vida y me está resultando realmente enriquecedor. Pero, ¿estoy llegando a los objetivos que deseaba compartirte cuando comencé el libro?

Mi primera intención era transmitirte el sentido del stress. Recordemos, tenemos stress cuando las cosas no están resultando como habíamos previsto. Si todo sale como teníamos en mente, ¡maravilloso!, ¡zero stress! Bueno, realmente tenemos miedo ante las situaciones en la que existe cierto desconocimiento del resultado final, y ese miedo prolongado en el tiempo nos genera un stress como estado emocional. De manera adicional, te indico que una situación de stress (o crisis) prolongada en el tiempo se denomina depresión.

Entonces, ¿qué te puede generar stress? Cualquier apartado de tu vida, ¡no solo el trabajo! Se puede tener stress en el amor por no encontrar la pareja adecuada, porque la relación no funciona como habíamos previsto, porque la relación ha terminado como no esperábamos… Se puede generar stress en la salud por no descansar el tiempo adecuado, por no recuperarnos de una enfermedad, por cargar con los problemas de otras personas… Se puede tener stress en nuestro desarrollo personal si no sabemos qué hacer con nuestra vida, si no sabemos cómo conseguir todo lo que nos hemos propuesto, si no tenemos el valor de ponernos en acción… Se puede generar stress en nuestra situación económica si nos encontramos sin dinero, si no sabemos cómo controlar los gastos, si no sabemos cómo generar ingresos… Se puede tener stress con los amigos si no conseguimos encontrar a nadie con quien juntarnos, si no nos entendemos con alguien, si nuestros amigos hacen cosas que están en contra de nuestros valores… Se puede generar stress en nuestro entorno físico si no estamos a gusto en nuestro hogar, nuestro barrio no acaba de satisfacer nuestras necesidades, nuestro país no es donde nos gustaría vivir… Se puede tener stress en nuestra familia si no conseguimos entendernos con ella en determinadas ocasiones, si sus integrantes no respetan nuestra vida personal y profesional, si no somos libres para afrontar los problemas como consideremos mejor… Se puede generar stress en nuestro ocio si no sabemos cómo relajarnos, si no desconectamos del trabajo cuando estamos descansando, si no sabemos ni qué hacer cuando nos sobra algo de tiempo libre…

–¡Ufff! ¡Qué de cosas! ¡Ahora sí que me has complicado la vida! ¡Para ya!, ¡que me estás recordando muchos de mis problemas!

### *Repite conmigo: Zero Stress*

Voy a intentar resolverte la vida, ¿te apetece? Imagínate que cada día te llamo por teléfono al comenzar la mañana. Tras saludarte y desearte un buen día, te leo tu futuro mediante unas bonitas cartas de tarot, gemas o lo que más gustes. A estas alturas ya hay confianza y asumes que conozco muchos métodos, todos infalibles. Así que mientras desayunas algo rico estarás conmigo por videoconferencia y te contaré todo lo que te ocurrirá el resto del día. No te preocupes, será solo un rato y luego vivirás lo que te he pronosticado. Prometo que no descansaré y que no me iré de vacaciones, estaré a tu disposición todos los días. Ya no tendrás que preocuparte más de tu vida, porque desde primera hora sabrás cómo será tu jornada.

Sería interesante, ¿no? Al menos, eso pensaba. ¿Así estarías más tranquilo? ¿Por fin habrías aceptado vivir con la filosofía zero stress? Por más que vendo este servicio, nadie lo compra. Aún no sé si es porque no creen en mis habilidades de adivino o porque simplemente les asusta la idea de conocer su futuro. Nadie quiere algo así, porque entonces parece que se está limitando la libertad de las personas. Seguro que piensas –bueno, yo no quiero que me llames todos los días, ¡pero sí alguno! ¡Por favor! ¡Solo cuando lo necesite!–. Ya estamos con las trampas...

### *Repite conmigo: Zero Stress*

Es hora de empezar a entendernos, aceptarnos por cómo somos y trabajar por conseguir nuestros sueños. Quizás nunca te hayan enseñado, pero no te preocupes, con este libro estás comenzando a replantearte muchas de las creencias que tienes adquiridas desde hace años.

## 19 Una forma normal de empezar (8 mayo)

—Creo que ya te voy entendiendo. Ahora ya sé que hay muchas situaciones en las que se genera stress y que tengo que dar el primer paso para aceptar que tengo que mejorar–. ¡Excelente!, nos vamos entendiendo y creo que empezarás a sentirte como un ser único y especial que se siente responsable de su vida. ¡Bienvenido!

Tuve oportunidad de compartir con el chileno Julio Olalla, una de las personas que más ha aportado a la disciplina del coaching, la idea general en la que nos ha encauzado la ciencia durante los últimos 500 años. Desde tiempo atrás se presta más atención a la ciencia que a otra serie de características menos tangibles, por lo que los sentimientos parece que se han ido aislando cada vez más. Solo resulta válido todo lo que se pueda demostrar de forma repetida y, precisamente, los sentimientos son algo muy personal.

Hace siglos la virtud era un bien perseguido. Había que conectarse con la esencia de uno mismo y alinearse con la energía que nos unía a este mundo. Se oraba a los dioses para pedir un mundo mejor y se meditaba en primera persona para indagar en las emociones más profundas de cada uno. Se alimentaba el espíritu de cada individuo y se contemplaban con delicadeza las estrellas cada noche. Cada sentimiento se hacía único e inigualable.

Gracias a Julio Olalla comprendí el cambio que habíamos generado progresivamente desde la Edad Media, a partir de que vivimos empeñados en que la ciencia defina cada átomo del mundo. El conocimiento de cada individuo no es válido si no se puede contrastar con el criterio de otras personas, por lo que poco a poco hemos anulado nuestro ser interior para fomentar el conocimiento colectivo. Ahora hay que medir, calcular y gestionar, y todo el que no esté alineado con estas ideas debe sopesar medicarse con antidepresivos, porque está camino de la locura. ¿Por eso se venden tantas pastillas antidepresivas?

Parece que la desconexión con nuestro interior es el principal motivo por el que disciplinas como el coaching están surgiendo con fuerza en el mundo. Quizás ha venido a quedarse, para que en el futuro logre acabar con muchas de las pastillas que se consumen sin sentido emocional, pero con coherencia científica racional.

### *Me tuve que repetir: Zero Stress*

De pequeño hacía grandes desplazamientos en tren para llegar a mi destino de vacaciones. Era casi un día de viaje, donde tenía tiempo de mirar todos los paisajes por la ventana. Cada año era capaz de reconocer muchos tramos y sonreía al ver algunos parajes familiares. Supongo que mi cara pegada al cristal con la curiosidad por saber más sobre el mundo debía hacer sonreír a más de un pasajero. ¿Qué pasa hoy en día, que los niños van pegados a un DVD portátil con los últimos dibujos animados y no miran ni una sola montaña? Bueno, los padres van enganchados a un móvil y prefieren que los hijos estén ocupados, ¡así no hacen ruido y se portan bien! Por mi parte no hay problema, pero ¿estamos criando robots o seres humanos? Me asusto cada vez que lo pienso. Nos han hecho creer que el mundo está más evolucionado cuanto más miremos a una pantalla y menos nos preocupemos en estar en armonía con la naturaleza.

Nos hemos encargado de generar un agujero entre nuestro mundo interior y el mundo exterior. Hasta que mucha gente, estresada hasta la saciedad, termina con depresiones y comienza a meditar y reconectar con todo lo que había dejado atrás. Muchas otras personas jamás tienen la oportunidad y, lo que es peor, ni se plantean la necesidad de conectarse interiormente, ya que las experiencias que no se pueden explicar tienden a esconderse. Pierde importancia cómo nos sentimos y, en cambio, miramos sin pausa qué piensan los demás sobre nosotros.

Cuando comenzamos un nuevo trabajo, las preguntas que nos enseñan a formular son del tipo, ¿qué piensan los demás de mí? ¿Realmente estoy consiguiendo pertenecer a esta empresa? ¿Cómo miden mi rendimiento? Pero pocas veces uno se pregunta ¿cómo me siento? Y lo digo desde mi experiencia. Cuanto menos nos hagamos esa pregunta, seremos más competitivos y profesionales y estaremos más alineados con los valores de la empresa. Más, más y más. Hace tiempo conocí a una joven mujer que llegó a ser socia de una gran consultora mundial a base de trabajar y trabajar. Después de hablar largo rato con ella, comprobé que había perdido toda conexión con su interior y que solo se preocupaba de cuidar a sus consultores junior, de lo que pensaran de ella y de generar nuevo negocio a la empresa. Defendía una y otra vez que amaba su trabajo, pero solo era capaz de hablar desde su lado más racional. Esa noche me llevó a su cama, pero no tuve el menor deseo de hacer el amor con ella. Sentí como si fuera un robot, estaba vacía de emociones y había olvidado todas las pasiones que tenía desde la infancia. Me desperté en mitad de la noche a su lado y su vacío me llenó de pena en mi camino de vuelta a casa.

### *Me tuve que repetir: Zero Stress*

Mi madre siempre me enseñó a sentir, a tocar las cosas, a mirar los paisajes. Siempre estaré en deuda con ella por tantas buenas experiencias que me ha hecho vivir. Pero por mucho empeño que puso, el sistema acabó con todo su esfuerzo. Después de una ingeniería, una maestría, varios trabajos y vivir en constante competencia, el mundo se encargó de que apartara mis emociones a un lado. Lo importante era lo que pensaban los demás de mí y esto me llevaba a formularme preguntas como, ¿cuál será el trabajo con el que más éxito me recordarán?, ¿cuál será la casa o coche que más me permita presumir? Y lo que es peor... ¿con cuántas mujeres me tengo que acostar para que entiendan que tengo éxito en el amor?

Era muy inteligente y la gente pensaba que tenía mucho éxito, aunque estuviera vendiendo mi alma al diablo. El Universo decidió parar lo que no fui capaz de cambiar por mí mismo. Un desgraciado en moto me atropelló, volé por los aires, tuve una parada cardiorrespiratoria y mi cerebro no recibió oxígeno durante unos largos segundos.

Pocas veces he contado que mi lado racional se apagó por completo durante meses y supongo que quedó bien dañado desde entonces. Un día lloré sin parar al escuchar la voz de cada persona, pensando que estaba vivo y podía oírles nuevamente. Terminaba cualquier película y comenzaba un llanto profundo por sentir cada emoción que habían querido reflejar los actores. Muchas veces sigo llorando de emoción al escuchar una canción o al ver un paisaje inolvidable. Agradecido al mundo por seguir vivo, poca gente me comprende cuando comienzo a llorar como un niño. Ni que decir tiene que antes del accidente no hacía cosas así, quizás porque el sistema me había enseñado que llorar es de cobardes. Ni que decir tiene que algunas veces lloro de felicidad cuando veo a mi hijo aprender cosas con su sonrisa picarona. Ni que decir tiene que veo la vida desde otra perspectiva y me apena mucho la ansiedad con la que viven muchos conocidos.

Se podría decir que aprendí cosas nuevas. Verdaderas experiencias en primera persona que me hicieron sentir mi interior más profundo. Ahora sé que llorar no es de cobardes; es más, entiendo que quien se niega a llorar es un cobarde y probablemente acabará con una pastilla antidepresiva para paliar tan intensa amargura. Ya no me molesta que me vean llorar en público (con motivo, claro) porque entiendo que se expresa mi interior. Me encanta no ocultarme, quizás porque no estoy compuesto de cables, sino de emociones.

### *Me tuve que repetir: Zero Stress*

Me gustaría que retuvieras en tu mente esta matriz con las siguientes ideas: desde nuestro interior como personas, hasta el exterior como todo lo que nos rodea; desde nosotros como sujetos, hasta un colectivo como grupo de personas. Esta matriz es la base de muchos trabajos de Ken Wilber:

|  | Interior | Exterior |
|---|---|---|
| **Individual** | ¿Cómo me siento? | ¿Qué piensa de mí la otra persona? |
| **Colectivo** | ¿Me siento parte del grupo? | ¿Qué piensa de mí la sociedad? |

Las partes resaltadas en negro son las que la ciencia nos ha enseñado a contrastar sin problemas. Es más, sabemos medir a la perfección a otros y podemos valorar todo lo que nos rodea. Pero nos solemos negar a medir y sentir nuestro interior. ¿Cuántas veces estamos haciendo algo por compromiso solo por satisfacer a los demás cuando en el fondo estamos sufriendo enormemente? Hace tiempo que dejé de anteponer los deseos de los demás a los míos, principalmente porque entiendo que me rodeo de gente que me quiere ver feliz, no aparentando que lo soy.

No dejo de hablar una y otra vez con personas que no realizan sus sueños porque piensan que dejarán de ser aceptadas en sus núcleos familiares, laborales o sociales. Los deseos de los demás, de cómo van a ser vistos, de cómo los van a valorar, están por encima de sus propias necesidades. Muchas veces nos olvidamos de valorar lo que tenemos y solo lo apreciamos cuando nos damos cuenta que ya no lo tenemos.

Las ideas de Julio Olalla me ayudaron a poner orden en mi cabeza y a darme cuenta de que es más importante lo que siento que lo que piensen los demás. Hay que cuidar las formas, sí, porque tampoco es cuestión de ir haciendo el loco. Pero el problema es que mucha gente nunca se da permiso para hacer un poco el loco y, al final, viven la vida que quieren los demás.

Llegó el momento de vivir. De empezar a sentir. De decir lo que piensas. De elegir lo que quieres hacer. Y siempre rodeándote de gente que te apoye.

Solo tú puedes intentarlo y, además, ¡conseguirlo!

## 19.1 Una motivación normal (8 mayo)

Todo ha parecido normal: un día en la vida de algunas personas, un desayuno de yogur batido, una felicitación a mi amigo de la infancia, un paseo con mi hijo, un miedo por anticipar el futuro, una noche escribiendo, una persona que se retrasa y que me obliga a pagarlo contigo dejando una hoja en blanco, un molesto virus que me atacó, una lectura de un estudio sobre la felicidad, una reflexión sobre la zona de confort, el Principio de la Navaja de Amador para explicar la reencarnación, una mejor forma de dialogar, un día de los trabajadores, una jornada laboral, una curiosa reflexión a la hora de pagar, un país donde vivir, una forma de ver tu cuerpo, las relaciones de pareja que buscamos y construimos, la situación habitual de andar comparando, la forma de considerar este libro y otras ideas como que en un proyecto siempre nos tenemos que plantear unos primeros pasos.

–Curioso índice, ¡qué bien te ha quedado! ¡Te felicito! ¡Me enganchaste con el discurso! ¡Hasta me he llegado a creer que se puede vivir así!– Entiendo la ironía, porque la realidad es que son muchas las personas que venden una forma de actuar que luego están lejos de practicar. Personalmente, me resulta indiferente si te crees que las historias que te he contado son meras invenciones o son reales. Si me preocupara no aplicaría la filosofía zero stress. Pero aquí lo importante no es definir si esto es verdad o mentira. Lo único importante son las reflexiones que te haya generado cada capítulo, porque seguro que alguna te habrá recordado un comportamiento tóxico que tuviste en el pasado. Ni que decir tiene que seguro que habrás podido ver reflejadas las conductas de muchas otras personas.

Te voy a contar una cosa muy íntima, un secreto que quiero que mantengamos entre nosotros. Por más ganas que tengas, no lo compartas en Twitter o Facebook, porque adelantarías el final de la película a los demás. Por más experto en felicidad que sea, la realidad es que tengo algunos días que son un infierno. Son días de mierda en los que quiero desaparecer del mapa. Días en los que me tengo que retirar, mirar a mi interior, escuchar a mis emociones y ordenar mis pensamientos.

En esos días me aíslo e intento no relacionarme con personas a las que puedo responder de mala manera con lo primero que me venga a la cabeza. Esos días procuro controlar mi ira e intento buscar explicaciones a por qué las cosas no están sucediendo cómo había planificado y qué cosas puedo hacer YO para mejorarlas. Observa como puse la primera persona, y es la primera vez en la que me incluyo en una obligación. Es importante que entiendas que tienes que cambiar ese sujeto por tu persona, tu nombre, tu apodo, tu identidad, lo que más te guste. Tú eres responsable de la vida que vives.

## *Grita conmigo: soy responsable de vivir con Zero Stress*

Además, te he hecho repetir en numerosas ocasiones el mantra de zero stress, ya fuera como reflexión sobre mi persona o para que lo dijeras tú en voz alta. Pero si todo esto es así, quizás te preguntes —¿qué te lleva a compartir todo esto? ¿No tenías nada mejor en lo que gastar tu tiempo? ¿Con toda tu formación profesional no se te ocurre mejor forma para generar el dinero que asegure el futuro de tu hijo?—

Hace tres meses tuve uno de esos días de mierda. Un día en el que, pese a demostrar respeto, entendimiento y buen diálogo, una persona importante en mi vida me insultó sin motivo racional alguno y eso generó daño emocional a otra persona importantísima en mi vida. Desde un punto de vista racional, también me pareció inaceptable que gritara y entendía que le debía explicar sin demora todos los motivos que generaban esa comunicación tóxica y un daño a largo plazo. Pero fracasé, porque por mucho que conozca sobre comunicación, felicidad, liderazgo personal ¡y mil cosas más!, hay algo que no debemos olvidar: cada persona es un mundo y muchas veces solo aprende cuando llegan sucesos desagradables en su vida, como un paro cardiaco, una enfermedad grave, un accidente casi mortal, etc. Lo digo porque ya lo sufrí en primera persona y, desde entonces intento escuchar y reflexionar mucho antes de que mi cuerpo o un siniestro decida pasarme una factura que me dañe de por vida. Quizás por esta enorme congruencia que practico, que molesta a algunas personas cercanas, cada día me siento más sano. Y todo sin realizar ninguna dieta especial, deporte concreto, o meditación diaria con mi interior. Cada día gestiono mi felicidad y analizo mis emociones en cuanto pasa algo malo.

Pero reconozco que hace tres meses mi paciencia llegó a un límite y evalué la posibilidad de apagar mi vida. Era cómodo agarrar varias cajas de pastillas y, en pocas horas, poner los créditos finales de la película. Era una opción sencilla, rápida y muy fácil. Y la evalué sin miedo a la muerte y con la sensación de haber realizado todo lo que venía a hacer en esta vida.

Con absoluta tranquilidad caminé un poco por el centro comercial y decidí darme mi última cena, pues realmente no me quedaba dinero para mucho más. Sí, la soga económica me había agarrado por el cuello más de lo debido y era presa del actual sistema capitalista. En ese momento estaba solo y apenas sentía a mis familiares y amigos de toda la vida, pues estaban a 10.000 kilómetros de distancia. Me intenté despedir fríamente de mi madre y mis hermanas por WhatsApp. Mi madre se enfadó bastante, pero aplicando la Teoría de la Navaja de Amador, le expliqué que iría a un sitio mejor. Aplastante racionalidad para intentar paliar sus emociones. Estaba tranquilo, aunque creo que mi madre me hubiese cortado ella misma el cuello de haber estado cerca, ¡por imbécil!, ¡con toda la razón del mundo!

Escribo lo que practico, es mi filosofía de vida y me permite tener una sonrisa ante cualquier adversidad. Comencé a realizar algunas Ruedas de la Vida (están en otros libros míos y por Internet podrás buscar esas herramientas en mi blog) para comprobar cómo me sentía en cada apartado de mi vida. Después pensé que había hecho bien y mal e intenté meditar el estado de mi proyecto de vida, que veía no cumplido del todo. Me percaté de que el ayudar a los demás pasaba por ayudarme a mí mismo, y pensé… ¿en qué momento he olvidado algo tan básico? La obsesión por ayudar a otros había dejado a un lado el respeto a mi propia vida. Grave error, que me hizo pensar ¿pero cómo has llegado a esta situación? ¿Seguro que no eres responsable de todo lo que te está pasando? En ese momento concluí que tenía el 99 % de razón en declararme víctima y tomar el mejor atajo… pero no, me centré en ese 1% que habría hecho mal y que podría haber cambiado todo de forma espectacular. Me hice responsable de mi vida, de toda mi vida.

Y por supuesto pensé en lo que más me podía atar a mi vida. Comencé a ver fotos de mi hijo, con sus primeros gestos, sus primeras caritas de pícaro, sus primeros gritos sin sentido, ¡cómo le quiero!, me dije. Ese fue mi caso, pero para ti puede ser un gato, un familiar, una pareja, un libro que estás a punto de escribir, un jardín que riegas todos los días, un proyecto laboral que será un ejemplo de vida, ¡lo que sea! No es relevante si a los demás les interesa o no, solo importa que te importe a ti.

### *Grita conmigo: soy responsable de vivir con Zero Stress*

Y tomé una decisión. En ese momento tenía la libertad de optar por terminar de pasear y acabar con la película de mi vida. Pero YO decidí continuar en el camino y, pasara lo que pasara, no volver a plantearme tal tontería en mucho, mucho, muchísimo tiempo. Es decir, al menor problema no me podía volver a enganchar con la emoción tóxica y debía recordar mi compromiso conmigo mismo.

Rehíce todo poco a poco. Apliqué cambios bruscos en mi vida, sabiendo que algunos demoran un tiempo. La palabra "paciencia" ha resonado en mi cabeza día sí, día también, como un pequeño mantra que aprendí de un amigo de la infancia.

El libro empezó el 20 de abril, cuando una persona que también tenía muchos, muchos, muchos problemas me invitó a tomar un café. La realidad es que ni la mitad de la mitad de la mitad de los míos, pero desde su perspectiva, esta persona los sentía como diez veces más importantes. Había leído sobre mí en Internet y ya me indicó que le parecía otro farsante de los que vendía felicidad embotellada.

Pero compartí con ella algunas de mis experiencias vitales, mis distintas crisis y le dibujé algunos gráficos para gestionar las emociones y conseguir que viviera la filosofía zero stress. En pocas horas muchas de sus creencias cambiaron y su sonrisa empezó a brillar. Se reía conmigo. Nos reíamos juntos de cómo muchas veces le damos a las cosas una importancia que realmente no tienen.

Le dije que había escritos algunos libros de crecimiento personal y había vendido miles de ejemplares, pero me repetía una y otra vez –¡tienes que escribir un libro con esto que me cuentas!–. Mis anteriores libros exponen métodos teóricos contados con mucha sencillez, pero en ninguno me explico con la cercanía que he plasmado en estas páginas. Le dije cuál sería el título y me di cuenta de que había iniciado un compromiso conmigo y con el mundo.

Te confieso que escribir este libro me ha ayudado mucho más que cualquier otra cosa y ha supuesto una catarsis en mi vida. Ahora lo miro todo con otra perspectiva y me río de lo básico que resulté al evaluar una opción tan sencilla meses atrás. Me río de mí mismo, porque no hay cosa más sana que no tomarse a uno demasiado en serio.

No te preocupes si escribes mejor o peor: inténtalo, verás cómo ordenar tus ideas en un papel es la mejor terapia que existe. Soy de ciencias y odiaba escribir, es la verdad, pero ahora es mi mayor motivación. ¿Te animas?

*__Grita conmigo: soy responsable de vivir con Zero Stress__*

## 20 Un final normal (9 mayo)

Siento el amor y soy agradecido. Así que comparto contigo los motores de la filosofía zero stress:

*Te quiero. Muchas gracias.*

## Agradecimientos

Sin duda, todas las personas que han pasado por mi vida en estos días deben estar en estos agradecimientos, pues son mi mayor ejemplo de inspiración para escribir. Empezando por Mauricio Pérez y Adrián Guerra, a los que tomé prestada la expresión Zero Stress, que iban a utilizar como nombre para un fanzine de verano (sigo sin entender cómo puede ser verano en diciembre, pero sí, en algunas partes del mundo es así).

Fue Verónica Román quien, que de una forma inocente, me pidió el 20 de abril que empezará a dar forma a tantas buenas ideas para controlar el stress. Luego, hubo personas en la distancia que me apoyaron capítulo a capítulo, como Eugenny Puerto.

Y así, no quiero dejar de mencionar a las empleadas de Red Mango del segundo capítulo; a mi amigo Iván Brihuega quien, además de felicitarle, fue padre el último día del libro; a mi mentor, Xavier Rovira, quien tanto me enseñó sobre escritura; a las chicas del Johnson & Johnson del Punta Carretas Shopping, que tanto me enseñaron sobre los miedos; a María Fernández y Pablo Simón, por cruzarse en mi camino; a mis alumnos de la Universidad de la Empresa, por reírnos con la gestión de proyectos; a Patricia Guerrero, por apoyarme cuando era más necesario.

Por supuesto a las personas que han tenido un ratito para revisar el libro, como Lorena Tinoco, Natalia Alvez, José Manuel García de Ponga, Lola Torres, Aina Maria Nadal y Sara Cobos.

A Pilar Elez, Gustavo Abuchalja, Alberto Attias y Marc Vidal, por apoyarme con tan fabulosas crítica. A Juan Tamayo, por repasarme hasta la última coma, ¡gracias por enseñarme a escribir! Y, cómo no, a Eva Liljeström, por darle voz a este libro.

Y, sin duda, a la madre de Nicolás Amador Brando, toda una fuente de inspiración, y a todos mis familiares (Mami, Raquel, Ana, Tía Pili, ¡os quiero mucho!), por apoyarme tanto en la distancia.

¡Gracias a todos!

www.ingramcontent.com/pod-product-compliance
Lightning Source LLC
Chambersburg PA
CBHW051729170526
45167CB00002B/862